BERLIN KOCHT

14 DER ANGESAGTESTEN KOCHSTARS AUS BERLIN GEWÄHREN
EINEN BLICK HINTER DIE KULISSEN UND PRÄSENTIEREN
IHRE IDEEN UND BESTEN REZEPTE

Aigner am Gendarmenmarkt, Brechts Restaurant, Café-Restaurant Jolesch

First Floor, Hartmanns Restaurant, Hugos Restaurant, La Mano Verde

Lorenz Adlon Esszimmer, Restaurant a.choice, Restaurant Brenner

Restaurant Tim Raue, Restaurant Volt, Shabuki, Vau

INHALT

„BERLIN KOCHT" – 160 SEITEN VOLLER GENUSS:
14 DER ANGESAGTESTEN STARKÖCHE
AUS BERLIN ÖFFNEN IHRE PERSÖNLICHEN
REZEPTBÜCHER UND GEWÄHREN
EINEN EXKLUSIVEN EINBLICK IN IHRE
RESTAURANTS UND KÜCHEN.

14 RESTAURANTS 14 STARKÖCHE UND IHRE BESTEN REZEPTE

An der Spree ist die ganze Welt zu Hause. Und noch nie war die Dichte an überragenden Restaurants in Berlin so groß wie in diesen Tagen. Daher sollte man auch als kulinarisch versierter Beobachter sein Adressbuch immer wieder gründlich erweitern, denn die Weltstadt mit Herz und Schnauze hat sich endgültig als beliebtester Tummelplatz für Genießer etabliert. Gründe genug also für Autor Georg Hoffelner, sich auf eine aufregende Genussreise quer durch die deutsche Bundeshauptstadt zu begeben und für Sie die Tore zu unvergleichlichen Genusswelten zu öffnen. Gemeinsam mit den 14 besten Köchen der Stadt präsentiert er in diesem Buch 42 meisterliche Rezepte zum Schmökern, Nachkochen und Genießen.

Das Besondere an diesem Kochbuch: Nicht nur die genialen Kreationen der Hauptdarsteller werden ins rechte Licht gerückt, auch die Starköche selbst stehen im Fokus der Aufmerksamkeit. Sie gewähren ungewöhnliche Einblicke in die kulinarischen Schaltzentralen der Macht, plaudern über kleine und große Küchengeheimnisse, Vorbilder und Philosophien. Festgehalten wurden diese einzigartigen Momentaufnahmen von Meisterfotograf Wolfgang Hummer, der Kunstwerke und Künstler perfekt in Szene setzte.

Entdecken Sie 42 fantastische Rezepte von Hendrik Otto, Tim Raue & Co., die Lust auf Genuss machen – wie immer verständlich rezeptiert und einfach nachzukochen. Egal ob Sie selbst den Kochlöffel schwingen oder den Restaurants einfach nur einen Besuch abstatten – wir wünschen Ihnen jedenfalls viel Freude beim Nachkochen und Lesen.
Berlin kocht! Kochen Sie mit!

Jürgen Pichler
Herausgeber

Katharina Wolschner
Chefredakteurin

ANDREAS KLITSCH SERVIERT HAUSMANNSKOST AUF HÖCHSTEM NIVEAU: DAS **AIGNER AM GENDARMENMARKT** SETZT DIE WIENER TRADITION FORT UND IST INZWISCHEN ZUR INSTITUTION GEWACHSEN.

EHRLICH KOCHT AM BESTEN

Andreas Klitsch ist das Posterchild des typischen Kochs. Ein gestandenes Mannsbild, das auch ordentlich etwas hermacht. Bereits mit acht Jahren stand sein Berufswunsch fest. Seine Lieblingssendung im Fernsehen war eine Kochshow mit Paul Bocuse. Nach Stationen wie der „Alten Oper Frankfurt“ oder dem „Steigenberger Hotel“ überraschte der 40-Jährige zunächst die Gaumen der Gäste im Berliner Restaurant „Altes Zollhaus“, bevor er vor 13 Jahren zum Chefkoch des „Aigner am Gendarmenmarkt“ aufgestiegen ist. Heute vertrauen durchschnittlich 300 Gäste pro Abend dem gebürtigen Hanauer und werden nicht enttäuscht. Der stets die Ruhe bewahrende Küchenchef des „Aigner“ weiß nämlich genau, was er will: perfekte Produkte aus der Region. Was anderes kommt dem sympathischen Perfektionisten nicht in die Küche.

AIGNER

WIENER FLAIR IN **BERLIN**

Mit seinen klassizistischen Prachtbauten ist der Gendarmenmarkt zweifellos der aufregendste Platz der Hauptstadt. Und mit seinem Interieur stellt das Restaurant „Aigner“ die perfekte kulinarische Ergänzung zur historischen Örtlichkeit dar. Die Geschichte der Kultlocation beginnt 1903 in Wien, 1999 kam die Original-Kaffeehauseinrichtung nach Berlin und heute ist Herbert Beltle Hausherr im „Aigner“. Diane Keaton, Wladimir Putin, Tony Blair oder George Clooney gehen hier ein und aus. Auch die Kanzlerin besucht bei offiziellen Anlässen die beliebte Adresse. Kurz: Bei ihm speist das politische Berlin. Und sollte einer der illustren Gäste vielleicht Geburtstag haben, kramt Hausherr Beltle seine Drehorgel hervor und kurbelt mit großer Leidenschaft ein Ständchen.

Aigner am Gendarmenmarkt
Französische Straße 25
D-10117 Berlin
Tel.: +49 (0) 30/203 75 18 50
E-Mail: info@aigner-gendarmenmarkt.de
www.aigner-gendarmenmarkt.de

ORGELBAU STUBER BERLIN

BORSCHTSCH-TERRINE

mit Entenbrust und gebackener Kaviarkartoffel

FÜR 4 PERSONEN:

BORSCHTSCH-TERRINE:
12 Bl. Gelatine, weiß
250 ml Rote-Bete-Saft
250 ml Rinderbrühe, kräftig, klar
4 EL Himbeeressig
1 Barbarie-Entenbrust
1 Karotte, geschält
2 Rote Beten, gekocht und geschält
½ Wirsingkohl
Salz, Pfeffer, Tabasco
Zucker

KAVIARKARTOFFEL:
4 Drilling-Kartoffeln, gekocht, gepellt
25 g Osietra-Kaviar
1 Ei
2 Toastbrotscheiben, zu Bröseln gemixt
200 ml Öl, geschmacksneutral
50 g Crème fraîche
1 Limone
Traubenkernöl
Mehl, Salz, Pfeffer, Zucker

ANRICHTEN:
100 g Kräutersalat
Crème fraîche

BORSCHTSCH-TERRINE: Die Gelatine in eine Schüssel mit kaltem Wasser geben und mindestens 20 Minuten einweichen lassen. In einem Topf die Rinderbrühe und den Rote-Bete-Saft kurz aufkochen und mit Himbeeressig, Salz, Zucker und Tabasco abschmecken. Die ausgedrückte Gelatine darin auflösen. Die Entenbrust mit Salz und Pfeffer würzen, in einer Pfanne bei mittlerer Hitze auf der Fleischseite kurz anbraten, auf die Hautseite wenden und mitsamt der Pfanne in den vorgeheizten Backofen für 10 Minuten bei 160 °C stellen. Die Brust herausnehmen und in Alufolie gewickelt langsam auskühlen lassen. Die Brust von der Haut befreien und gegen die Fleischfaser in etwa 3 Millimeter dicke Scheiben schneiden. Sie sollte jetzt zartrosa, etwas mehr als medium gebraten sein. Die Karotte und den Wirsing in reichlich Salzwasser weich kochen, in Eiswasser abschrecken und gut abtrocknen. Die Karotte sowie die Rote Bete in 3 Millimeter dicke Scheiben schneiden. Die Wirsingblätter vom Strunk befreien und zusammen mit allen anderen Zutaten lagenweise in die Terrinenform schichten. Kalt stellen.

KAVIARKARTOFFEL: Die Kartoffeln halbieren und mit einem kleinen Löffel einen Hohlraum für den Kaviar herausarbeiten. Den Kaviar in eine Kartoffelhälfte füllen und mit der anderen Hälfte verschließen. Die Kartoffeln in Mehl, Ei und Toastbrot panieren und in heißem Fett goldgelb ausbacken. Die Crème fraîche mit Limonensaft und Salz abschmecken. Mit dem restlichen Limonensaft, Salz, Pfeffer, Zucker und Traubenkernöl eine Vinaigrette rühren.

ANRICHTEN: Mit einem sehr scharfen Messer eine Scheibe Borschtsch-Terrine abschneiden und auf einem Teller anrichten. Die Kräuter mit der Vinaigrette abmachen und arrangieren. Die gebackene Kaviarkartoffel anschneiden und mit einem Löffel Crème fraîche anrichten.

PROFITIPP:

« Der Sülzfond sollte im warmen Zustand immer etwas überwürzt sein, da er im kalten Zustand mit der Einlage nicht mehr so kräftig schmeckt.
Andreas Klitsch, Küchenchef

WEINEMPFEHLUNG:

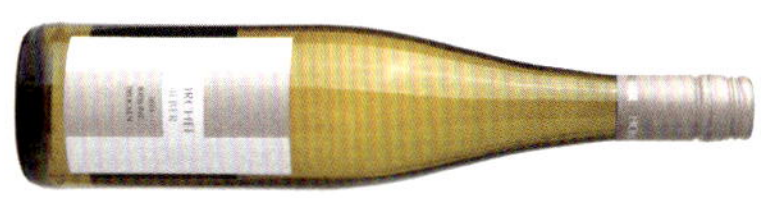

2011 RIESLING TROCKEN
WEINGUT HORCHER
KALLSTADT/WEINSTRASSE
Trotz der großen Reife und der kraftvollen Struktur zeigt er eine tolle Riesling-Frucht und erstaunlich viel Eleganz und Finesse. Sehr saftig, schmackhaft und lang im Abgang. Bietet viel Trinkspaß!
www.horcher-wein.de

SCHWIERIGKEITSGRAD: MITTEL | **ZUBEREITUNGSZEIT:** 40 MINUTEN

DREIERLEI VOM RUPPINER WEIDELAMM

FÜR 4 PERSONEN:

LAMMBOULETTE:
250 g Ruppiner Weidelamm-Hackfleisch
2 Toastbrotscheiben, 1 Ei
½ Zwiebel, geschnitten, gedünstet
½ Knoblauchzehe, fein gewürfelt
1 Msp. Paprika, edelsüß, 1 Msp. Cayennepfeffer, 1 Msp. Kreuzkümmel
1 Blattpetersilienzweig, fein geschnitten
1 Majoranzweig, fein geschnitten
4 Räucher-Frühstücksspeck-Scheiben

ARTISCHOCKE:
4 Mini-Artischocken
1 Zitrone, 3 EL Olivenöl
1 Msp. Knoblauch, fein geschnitten
Meersalz

GEBRATENE LAMMKOTELETTS:
4 Lammkoteletts, 20 ml Olivenöl
½ Knoblauchzehe, geschält
1 Thymianzweig, 1 Rosmarinzweig
10 Stk. Kümmel, Salz, Pfeffer

LAMMSCHULTER:
1 Lammschulter, Ruppiner Weidelamm
2 EL Senf, 1 EL Pfeffer, 1 EL Meersalz
Röstgemüse, 2 EL Tomatenmark
500 ml Rotwein, 2 l Kalbsfond
1 Thymianzweig, 1 Rosmarinzweig
3 Stk. Wacholderbeeren
4 Lorbeerblätter, 10 Pimentkörner
1 Stk. Nelke, Olivenöl

POLENTA:
250 ml Kalbsfond, 250 ml Milch
100 g Polentagrieß, Salz, Muskatnuss
1 Rosmarinzweig, Olivenöl

LAMMBOULETTE: Das Hackfleisch mit allen Zutaten kurz und kräftig mischen. Kleine Bouletten formen und mit dem Speck umwickeln. In einer Pfanne bei mittlerer Hitze goldgelb braten.

ARTISCHOCKE: Die Artischocken mit einem Sägemesser rundum von den äußeren Blättern sowie den Blattspitzen befreien und mit einem kleinen Messer den Stielansatz schälen. Die Artischocke längs vierteln und mit etwas Salz und Olivenöl in einer kleinen Pfanne mit Deckel unter mehrmaligem Wenden langsam von allen Seiten anbraten und dabei garen. Zum Schluss mit Knoblauch und Zitrone würzen.

LAMMKOTELETTS: Die Koteletts in heißem Olivenöl kurz anbraten, Gewürze zugeben und kurz mitschwenken. Mit Salz sowie Pfeffer würzen und 7 Minuten bei 90 °C im Ofen weitergaren.

LAMMSCHULTER: Die Lammschulter mit Senf und den Gewürzen einreiben und mit Olivenöl in einem Bräter von allen Seiten anbraten. Die Schulter herausnehmen und das Röstgemüse im Bräter rösten. Das Tomatenmark dazugeben und mitrösten. Mit Rotwein mehrmals ablöschen. Nun den Kalbsfond zugeben, aufkochen und entfetten. Das Lamm mit den Kräutern wieder in den Bräter geben und im vorgeheizten Backofen bei 150 °C für 1,5 Stunden schmoren. Die Schulter herausnehmen und in passende Stücke portionieren. Die Sauce durch ein feines Sieb passieren und auf die Hälfte reduzieren.

POLENTA: In einem Topf Kalbsfond, Milch und Salz aufkochen, den Polentagrieß einrühren und 5 Minuten köcheln. 2 Esslöffel Olivenöl einrühren, mit Salz und Muskatnuss abschmecken. Rosmarinnadeln abzupfen und in einer Pfanne in einem Esslöffel Olivenöl anbraten. Unter die Polenta rühren.

PROFITIPP:
« **Durch das langsame Braten der Mini-Artischocken mit Deckel dämpft und brät das Gemüse gleichzeitig.**
Andreas Klitsch, Küchenchef

WEINEMPFEHLUNG:

2009 HORCHER CUVÉE AIGNER
WEINGUT HORCHER
KALLSTADT/WEINSTRASSE
Tiefdunkle Farbe, satte Aromen dunkelrote Beerenfrüchte, viel Würze und Fülle. Besonders zu kräftigen Speisen und Gegrilltem bietet er besonderen Genuss!
www.horcher-wein.de

SCHWIERIGKEITSGRAD: MITTEL | **ZUBEREITUNGSZEIT:** 1 ½ STUNDEN

KALTER HUND

mit Gewürzorangen und Mokka-Eis

FÜR 4 PERSONEN:

KALTER HUND:
1 EL Zucker, 1 Prise Salz
125 ml Sahne, 75 g Butter
230 g Kuvertüre, dunkel
50 g Nougat, 30 ml Milch
4 cl Baileys
1 Pck. Butterkekse

GEWÜRZORANGEN:
2 Orangen, 60 g Zucker
250 ml Orangensaft
2 Stk. Sternanis, 1 Stg. Zimt
¼ Vanilleschote , 1 Nelke
1 Stk. Kardamom
1 EL Korianderkörner
2 EL Honig
4 cl Grand Marnier

MOKKA-EIS:
3 Eigelb
100 g Zucker, braun
2 EL Honig
100 ml Kaffee, sehr stark
250 g Sahne, steif geschlagen

ANRICHTEN:
1 Pck. Mini-Butterkekse
Kakaopulver
100 ml Schlagsahne im Spritzsack mit Sterntülle

KALTER HUND: Eine Kuchenform mit Backpapier sorgfältig auslegen. In einem Topf Schlagsahne, Zucker und Salz aufkochen. Sofort von der Kochstelle nehmen, Butter, Schokolade sowie Nougat hinzugeben und ohne weitere Hitze so lange rühren, bis sich alles aufgelöst hat. Die Mischung abkühlen lassen, die kalte Milch und den Baileys zugeben, bis eine glatte, glänzende Masse entsteht. Die Masse mit den Butterkeksen schichtweise in die Kuchenform einschichten.

GEWÜRZORANGEN: Die Orangen oben und unten abschneiden, auf ein Brett stellen und gleichmäßig die Orangenschale samt Orangenhaut abschneiden. Die Orange in 5 Millimeter dicke Scheiben schneiden und in eine Schüssel geben. In einem Topf den Zucker goldbraun karamellisieren und mit Orangensaft ablöschen. Die Gewürze, Honig und Grand Marnier zugeben und langsam einköcheln. Wenn alles beginnt, dick zu werden, die Gewürze durch ein Sieb passieren und den Orangenfond über die Orangenscheiben geben. Kalt stellen und mindestens eine Stunde marinieren lassen.

MOKKA-EIS: Eigelb mit Zucker und Honig über einem kochenden Wasserbad 5 Minuten mit einem Schneebesen kräftig cremig schlagen. Den Mokka zugeben und 2 Minuten weiterschlagen. Jetzt vom Wasserbad nehmen und in einer Schüssel mit Eiswasser so lange weiterschlagen, bis die Creme abgekühlt ist. Die Sahne unter die Creme heben. Die Masse in einer Eismaschine gefrieren lassen.

ANRICHTEN: Den Kalten Hund aus der Form stürzen und eine Scheibe von etwa 3 Zentimetern abschneiden. Mit Kakaopulver bestäuben und auf einen Teller setzen. Mit Schlagsahne und Mini-Butterkeksen dekorieren. Die Gewürzorangenscheiben anrichten und mit einem warmen Löffel eine Nocke Eis ausstechen.

PROFITIPP:

« **Wenn Sie keine Eismaschine zur Hand haben, lässt sich die Masse auch als Eisparfait gefrieren.**
Andreas Klitsch, Küchenchef

WEINEMPFEHLUNG:

2009 HORCHER IDEAL
WEINGUT HORCHER
KALLSTADT/WEINSTRASSE
Ausgeprägte Aromen wie Ananas, Maracuja und Mirabelle, dazu ein sehr schönes Süße-Säure-Spiel. Sowohl zum Wegtrinken als auch zu Gänseleber oder Asia-Food ebenso wie zu Desserts.
www.horcher-wein.de

SCHWIERIGKEITSGRAD: LEICHT | **ZUBEREITUNGSZEIT:** 25 MINUTEN

WIENER KÜCHE TRIFFT AUF BERLINER SCHNAUZE: **STEVE GROSSMANN** KOCHT IM **BRECHTS** DIE MONARCHIE-KLASSIKER IM FRECHEN URBANEN SPREEMETROPOLEN-STYLE.

GROSSER KÜCHEN DRAMATIKER

„Erst üb dich, dann greif zu den Sternen. Wer kochen kann, kann kochen lernen.“ Ein wundervolles Zitat des Dramatikers Bertolt Brecht. Sein Handwerk bereits auf beeindruckende Weise erlernt hat Steve Großmann. Die knackige Parole des „Brechts“-Küchenchefs: „Trends erkennen und diese im Einklang mit der traditionellen österreichischen Kulinarik auf den Tisch bringen.“ Bereits seit zwei Jahren leitet der leidenschaftliche Herdvirtuose die Küche des österreichischen Restaurants am Schiffbauerdamm in Berlin-Mitte. Sein hoher Qualitätsanspruch an seine Endprodukte führt dazu, dass die Erwartungshaltung der Gäste bei jedem Besuch klar übertroffen wird. Von „Wiener Schnitzel“ bis hin zu „Ossobuco vom Linumer Kalb“ kombiniert Steve Großmann Wiener Tradition mit modernen internationalen Kreationen. Ganz einfach grandiose kulinarische Literatur.

HAVELLAND
EXPRE

EIN BRECHT HAT IMMER RECHT

Im schillernden Getümmel von Berlin-Mitte und doch idyllisch an der Spree liegt das „Brechts". Lyriker Bertolt Brecht war vernarrt in österreichische Gerichte. Sein ehemaliges Stammlokal am Schiffbauerdamm bietet genau diese Küche auf Champions-League-Niveau. Vor allem im Sommer unschlagbar: die Spreeterrasse. Hier kann man nämlich das ruhige Plätschern des Flusses inmitten der pulsierenden Hauptstadt mit österreichischen Kulinarik-Highlights genießen. Diese junge Küche der Monarchie im frischen, leichten Gewand der Spreemetropole lässt die Herzen aller k. u. k. Foodies in Sekunden höherschlagen. Aber nicht nur die traditionellen Klassiker, auch die Eigenkreationen des Küchenchefs Steve Großmann sind kleine Meisterwerke und lohnen einen Besuch.

Brechts
Schiffbauerdamm 6–7
D-10117 Berlin
Tel.: +49 (0) 30/28 59 85 85
E-Mail: info@brechts.de
www.brechts.de

Restaurant
BRECHTS

CARPACCIO VON DER KARIBISCHEN LANGUSTE

mit Haselnuss und Périgord-Trüffel-Eis

FÜR 4 PERSONEN:

CARPACCIO:
2 Langustenschwänze, ausgelöst

CARPACCIO-MARINADE:
8 EL Haselnussöl
4 EL Pflanzenöl
4 EL Sushi-Seasoning
2 TL Dijonsenf, körnig
60 g Haselnüsse, geröstet
Salz, Pfeffer, Puderzucker
1 Bio-Limette, Abrieb

JAKOBSMUSCHEL:
4 Jakobsmuscheln
Salz, Pfeffer, Kataifi-Teig
Pflanzenöl

HASELNUSSMILCH:
250 ml Milch
250 g Haselnüsse, geröstet
30 ml Haselnussöl

TRÜFFELEIS:
125 ml Sahne
125 ml Trüffelsaft
40 g Périgord-Trüffel, gehackt
40 g Eigelb
35 g Zucker

ANRICHTEN:
Périgord-Trüffelscheiben
Haselnussscheiben, geröstet

CARPACCIO: Ausgelöste Langustenschwänze waschen und trocken tupfen. Zusammen erst in Klarsichtfolie, dann in Alufolie wie ein Bonbon einwickeln. Einfrieren, später hauchdünn mit der Aufschnittmaschine aufschneiden.

CARPACCIO-MARINADE: Alle Zutaten miteinander verrühren und abschmecken. Gleichmäßig auf das Carpaccio auftragen.

JAKOBSMUSCHEL: Die Jakobsmuscheln würzen und mit dem Kataifi-Teig einwickeln. In 180 °C heißem Pflanzenöl backen, bis der Teig goldbraun ist.

HASELNUSSMILCH: Die Haselnüsse im Ofen rösten, die Milch aufkochen und die gerösteten Haselnüsse in heißer Milch 24 Stunden ziehen lassen. Danach die Haselnussmilch mit dem Haselnussöl aufmixen.

TRÜFFELEIS: Sahne, Trüffelsaft, Eigelb und Zucker im Thermomix zur Rose abziehen. Die dadurch entstandene Sahne-Trüffel-Masse im Pacojet-Behälter passieren, die gehackten Trüffel dazugeben und das Eis 30 Minuten vor dem Servieren durch den Pacojet lassen.

PROFITIPP:

« **Klarsichtfolie mit Messerspitze einpiksen. Dadurch wird überschüssige Luft aus der Rolle gedrückt. Das Carpaccio lässt sich so gleichmäßiger einrollen.**

Steve Großmann, Küchenchef

WEINEMPFEHLUNG:

2011 CHARDONNAY
JUDITH BECK
GOLS/BURGENLAND
Strahlend helles Goldgelb, ausgeprägte Frucht, reifer Weingartenpfirsich und Quitte in der Nase, vollmundig am Gaumen, viel Fruchtschmelz, gute Säure, gute Länge.
www.weingut-beck.at

SCHWIERIGKEITSGRAD: MITTEL | **ZUBEREITUNGSZEIT:** 50 MINUTEN

Riesling
Ahr

KÖNIGSBERGER KLOPSE

mit Hummer-Pistazien-Bisque, jungen Möhren und geräucherter Kartoffelcreme

FÜR 4 PERSONEN:

KLOPSE:
400 g Kalb, gehackt
35 g Zwiebelbrunoise
30 ml Sahne, 20 g Senf
20 g Kapern, Zwiebel, gespickt
15 g Schalotten, 10 g Petersilie
10 g Schnittlauch
5 ml Worcestersauce
1 Ei, Salz, Pfefferkörner, weiß

KAPERNSAUCE:
300 ml Klopsefond
250 ml Sahne
100 ml Kapernsaft
50 g Kapern
40 g Butter, 40 g Mehl
Limettensaft, Salz, Pfeffer

HUMMER-PISTAZIEN-BISQUE:
300 ml Hummerfond
3 EL Pistazienpüree, ungesüßt

KARTOFFELCREME:
300 g Kartoffeln, mehlig
100 g Nussbutter, 100 ml Milch
Räucheröl, Salz, Muskat

KAROTTENPÜREE:
300 g Karotten, 100 g Butter
75 ml Brühe, Salz, Zucker

KAROTTENSCHEIBEN:
2 Karotten, groß

VIOLETTE KAROTTEN:
3 Karotten, violett, groß
100 ml Olivenöl, Meersalz

KLOPSE: Alle Zutaten vermengen und abschmecken. Pro Portion 3 Klopse à 40 Gramm formen. 750 Milliliter Wasser mit einer gespickten Zwiebel sowie 10 weißen Pfefferkörnern aufkochen und ziehen lassen. Die Klopse in den Fond geben und sieden lassen. Sie sind fertig, wenn sie an die Oberfläche steigen.

KAPERNSAUCE: Mit Butter sowie Mehl eine helle Mehlschwitze herstellen und mit dem Klopsefond aufgießen. Sobald es andickt, mit dem Kapernsaft und der Sahne auffüllen. Mit Salz, Pfeffer und etwas frischem Limettensaft nachschmecken. Wenn die Sauce eine sämige Konsistenz hat, alles durchpassieren und die Kapern dazugeben.

HUMMER-PISTAZIEN-BISQUE: Den aufgekochten Hummerfond mit 3 Esslöffeln Pistazienpüree aufmixen.

KARTOFFELCREME: Die Kartoffeln schälen, in Salzwasser weich garen und das Wasser abgießen. Die Kartoffeln ausdämpfen, durch ein Sieb streichen, mit warmer Milch und Nussbutter vermengen. Abschmecken und mit Räucheröl aromatisieren.

KAROTTENPÜREE: Karotten schälen, klein schneiden, in Butter andünsten, würzen und mit Brühe aufgießen. Im geschlossenen Topf langsam weich garen, anschließend im Thermomix pürieren.

KAROTTENSCHEIBEN: Karotten schälen, mit der Aufschnittmaschine in dünne Scheiben schneiden und in Salzwasser blanchieren. Danach in Eiswasser abschrecken, mit einem Lineal zurechtschneiden.

VIOLETTE KAROTTEN: Violette Karotten mit Meersalz und Olivenöl marinieren. Bei 200 °C für 30 Minuten in den Ofen schieben. Die noch heißen Karotten von ihrer äußeren Schale befreien und in die gewünschte Form bringen.

PROFITIPP:

« Es empfiehlt sich, immer eine Garprobe durchzuführen. So kann man nachvollziehen, ob der Geschmack und die Konsistenz passen.
Steve Großmann, Küchenchef

WEINEMPFEHLUNG:

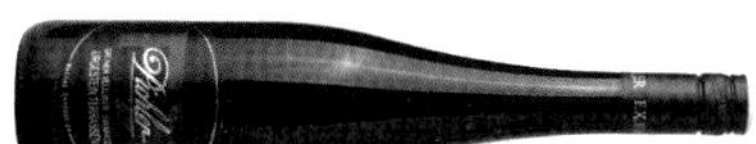

2011 GRÜNER VELTLINER URGESTEIN TERRASSEN
F.X. PICHLER
WACHAU/NIEDERÖSTERREICH
Verfügt über feine Würze, Tabakaromen und einen nuancierten Gaumen. Er hat eine großartige Struktur, tolles Lagerpotenzial und passt herrlich zu kräftigen österreichischen Gerichten.
www.fx-pichler.at

SCHWIERIGKEITSGRAD: MITTEL | **ZUBEREITUNGSZEIT:** 1 ½ STUNDEN

MC Riesling
Müller

PARMESANSCHNITTE
mit Brombeeren

FÜR 4 PERSONEN:

SCHNITTENBODEN:
250 ml Butter, flüssig
100 g Leibnitz-Butterkekse

PARMESANMASSE:
300 g Ivoire-Schokolade, geschmolzen
155 g Parmigiano Reggiano
350 g Sahne, angeschlagen
125 ml Sahne, flüssig
1 Bio-Limette, Saft und Abrieb
1 ½ Bl. Gelatine

BROMBEEREN PICKLED:
10 Brombeeren, 125 ml Wasser
125 ml Sushi-Seasoning, 125 g Zucker

BROMBEER-EIS:
125 ml Milch, 125 ml Sahne
60 g Zucker, 60 g Eigelb
30 g Trimolin, 165 g Brombeerpüree

BROMBEERSÜPPCHEN GELIERT:
200 g Brombeerpüree
125 ml Wasser
125 g Zucker
200 ml Champagner, 4 Bl. Gelatine

BROMBEER-CHANTILLY:
246 g Crème Chantilly
63 g Brombeerpüree

ANRICHTEN:
Minzblüten, Brombeerbaiser
Vollmilch-Schmand-Agar-Agar

SCHNITTENBODEN: Kekse leicht zerbröseln, mit flüssiger Butter mischen und in eine mit Backpapier ausgekleidete Eisbombenform (28,5 x 9,5 cm) drücken. Erkalten lassen.

PARMESANMASSE: Flüssige Sahne aufkochen, fein geriebenen Parmesan sowie Ivoire-Schokolade dazugeben und ebenfalls verflüssigen. Das Käse-Sahne-Gemisch mixen und den Saft sowie den Abrieb der Limette zufügen. Die eingeweichte Gelatine dazugeben und auskühlen lassen. Wenn die Masse kalt ist, die geschlagene Sahne unterheben und in die Eisbombenform füllen. 12 Stunden ruhen lassen.

BROMBEEREN PICKLED: Alle Zutaten bis auf die Beeren aufkochen und abkühlen lassen. Die Beeren in den Sud einlegen und 6 Stunden ziehen lassen.

BROMBEER-EIS: Alle Zutaten im Thermomix zur Rose abziehen und in einem Pacojet-Behälter passieren. 30 Minuten vor Gebrauch pacossieren.

BROMBEERSÜPPCHEN GELIERT: Das Brombeerpüree auf Eiswasser stellen und mit dem Läuterzucker mischen. Danach mit 4 Blatt Gelatine binden und vorsichtig den Champagner dazugeben.

BROMBEER-CHANTILLY: Die Chantilly in der KitchenAid mit dem Brombeerpüree auf höchster Stufe mixen und danach im Dressierbeutel mit einer kleinen Sterntülle abfüllen.

PROFITIPP:

« **Speiseeis und Fruchtsorbet lassen sich auch ohne Weiteres in einer handelsüblichen Eismaschine oder Sorbetiere herstellen.**
Steve Großmann, Küchenchef

WEINEMPFEHLUNG:

2008 1ER CRU SAUTERNES AC
CHÂTEAU GUIRAUD
BORDEAUX/FRANKREICH
Exotische Früchte, getrocknete Aprikosen, Melisse und Honignoten im frischen Finale zeichnen diesen 2008er-Château-Guiraud aus. Passt zu Desserts sowie zu Edelpilzkäse wie Roquefort.
www.chateauguiraud.fr

SCHWIERIGKEITSGRAD: MITTEL | **ZUBEREITUNGSZEIT:** 50 MINUTEN

KULINARISCHER GRENZGÄNGER:
TOBIAS JANZEN BEGEISTERT IM
ÖSTERREICHISCHEN **CAFÉ-RESTAURANT JOLESCH**
NICHT NUR DURCH SEINE KLASSISCHEN
ALPENLÄNDISCHEN SPEZIALITÄTEN.

ALPINE SACHSEN POWER

Tobias Janzen ist kein Mann vieler Worte. Und wenn er kocht, bleibt man selbst eine Zeit lang gerne sehr still. Dann genießt man einfach die genialen Kompositionen des gebürtigen Sangerhausener Kochs und wundert sich, mit welcher Raffinesse der 30-jährige Sachsen-Anhalter die bekannten österreichischen Klassiker neu interpretiert. Das „Jolesch“ ist ein österreichisches Restaurant, aber der smarte Koch schafft es immer wieder, vorherrschende Klischees über Bord zu werfen. Denn neben unverwüstlichen Klassikern wie „Rindertafelspitz“ oder „Frittatensuppe“ finden sich auf der Karte auch Austro-Exoten wie „Lauwarm pochierter Label-Rouge-Lachs“ oder „Yak mit Topinambur, Zwiebel und Steinpilz“, die sicher noch kein Salzburger Kommerzialrat aufgetischt bekommen hat. Qualitativ hochwertige Küche, österreichischer Charme und: ein Sachsen-Anhalter.

PIEFKE SAGA RELOADED

Vom beschaulichen Salzburg an die brodelnde Spree: Die „Café-Restaurant Jolesch"-Betreiber Renate Dengg und Max Setrak sind aus Salzburg nach Berlin gekommen, um in der deutschen Bundeshauptstadt mit österreichischer Küche frische Bergluft in die Großstadt-Szene zu bringen. Der Restaurantname ist an Friedrich Torbergs Buch „Tante Jolesch" angelehnt, das die Geschichte über diese erzählt. Dieses Wiener Original werkte mit viel Liebe, Humor und Hingabe in der Küche und so wie die Namensgeberin des Restaurants fühlen sich auch die Gastgeber ihrem Publikum verpflichtet. Die alpinen Klassiker lassen einem bereits beim Lesen das Wasser im Munde zusammenlaufen. Aus dem Keller kommen nur edle österreichische Tropfen. Kurz: Esskultur mit Schmäh.

Café-Restaurant Jolesch
Muskauer Straße 1
D-10997 Berlin
Tel.: +49 (0) 30/612 35 81
E-Mail: mail@jolesch.de
www.jolesch.de

TIROLER GRÖSTL „TANTE JOLESCH“

Knuspriger Schweinebauch, Kartoffelterrine, Spreewald-Gurken, Wachtelei

FÜR 4 PERSONEN:

SCHWEINEBAUCH:
400 g Schweinebauch vom Havelländer Apfelschwein
100 g Senf
50 g Honig
40 g Steinsalz, grob
Pfeffer, schwarz

KARTOFFELTERRINE:
500 g Kartoffeln, festkochend
50 g Schalotten
100 ml Kalbsfond
Majoran
Öl

GURKENWASSER-GELEE:
100 ml Gurkenwasser
1½ Bl. Gelatine
½ g Agar-Agar

GURKEN-SCHALOTTEN-SALAT:
50 g Spreewald-Essiggurken
100 g Schalotten
10 ml Himbeeressig
15 ml Rapsöl
10 g Honig, Salz, grob
Pfeffer, schwarz

ANRICHTEN:
4 Wachteleier
Brandenburger Wildkräuter
Fett

SCHWEINEBAUCH: Die Fettseite des Schweinebauchs einritzen. Mit dem Rest der Zutaten marinieren und für 24 Stunden kalt stellen. Bei 60 °C für 12 Stunden in den Ofen schieben. In 4 gleich große Würfel schneiden, bei niedriger Hitze auf Backpapier kross und goldbraun anbraten. Dann für 10 Minuten bei 180 °C bei trockener Hitze in den Ofen geben.

KARTOFFELTERRINE: Kartoffeln gründlich waschen und schälen. Die Schalen in eine Schüssel mit kaltem Wasser geben und beiseitestellen. Die Kartoffeln in 2 bis 3 Millimeter dicke Scheiben schneiden. Die Schalotten und den Majoran mit etwas Pflanzenöl in einem Topf glasig anschwitzen und mit dem Fond ablöschen. Die Kartoffelscheiben zugeben und bei kleiner Hitze 5 Minuten köcheln lassen. Wenn der Fond andickt, von der Hitze nehmen und in ein Sieb gießen. Die Kartoffelmasse in eine mit Backpapier ausgelegte Form geben. Mit Backpapier abdecken und beschwert eine Stunde bei 160 °C backen. Über Nacht auskühlen lassen. Aus der Form lösen, in gleich große Würfel schneiden. Auf Backpapier von allen Seiten anbraten und zum Schweinebauch in den Ofen geben.

GURKENWASSER-GELEE: Das Gurkenwasser mit dem Agar-Agar vermischen und aufkochen lassen. Die eingeweichte Gelatine zugeben und über Nacht kalt stellen. Durch eine Kartoffelpresse drücken.

GURKEN-SCHALOTTEN-SALAT: Schalotten und Senfgurken in feine Streifen schneiden, mit den restlichen Zutaten vermengen und kurz stehen lassen.

ANRICHTEN: Ein Wachtelei zum Spiegelei braten und auf den Bauch setzen. Die beiseitegestellten Kartoffelschalen bei 140 °C in heißem Fett frittieren, bis sie schön knusprig sind. Die Kartoffelschalen verteilen und das Gurkengelee mit einem Löffel auf den Teller geben. Mit Brandenburger Wildkräutern dekorieren.

PROFITIPP:

« Je nach Geschmack können auch Senfgurken verwendet werden. Damit die Terrine gleich gelingt, etwas Kartoffelpüreepulver unterrühren.
Tobias Janzen, Küchenchef

WEINEMPFEHLUNG:

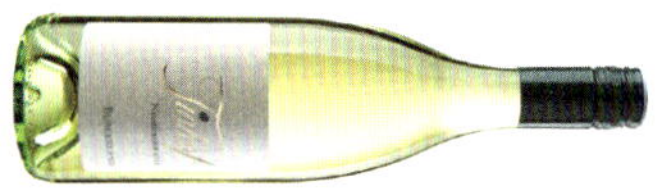

2011 NEUBURGER
WEINGUT ERWIN TINHOF
TRAUSDORF/BURGENLAND
Gelbgrün, strahlend, Ananas- und Zitrusaromen. Lebendige Struktur, füllig, mit Biss. Angenehm am Gaumen, lebendig und frisch.
www.tinhof.at

SCHWIERIGKEITSGRAD: MITTEL | **ZUBEREITUNGSZEIT:** 2 STUNDEN

und Königsleichen. Shakespeare Regizide In der Epoche der Frühen Neuzeit gilt Regentschaft als Zeichen göttlicher Gnade. Die Souveränität des Herrschers ist somit nicht verhandelbar, nicht von Menschen be- oder verurteilbar. Der Platz des Königs kann in diesem Denksystem nicht vakant bleiben. Was geschieht nun, wenn der natürliche Körper des Herrschers zerstört wird? In exemplarischen Texten Shakespeares geht Florian Baranyi der Frage nach, welche Gefahr für die Stabilität gesellschaftlicher Ordnung von einem Angriff auf das Leben des Regenten ausgeht. Und welches politische Kalkül dem Königsmörder den Platz als Herrscher sichert (F. Baranyi). IFK – Internationales Forschungszentrum Kulturwissenschaften, Mo 18.00
Öffentlich-rechtl. Rundfunk und Neue Medien
Vortragende: Florian Philapitsch (KommAustria), Dieter Bornemann (ORF), Norbert Regitnig-Tillian (Journalist), Klaus Kassai (ORF) Juridicum, Dachgeschoß, Do 19.00
Das orthodoxe Christentum Mit Katharina Kleinrath (Donau-Universität Krems, Zentrum Religion und Globalisierung); Ioan Moga (Instituts für Historische Theologie, Universität Wien); Rudolf Prokschi (Vorstand des Instituts für Historische Theologie, Universität Wien)
Seminar der Reihe Akademie der Religionen
Universität Krems wird
vorgestellt
Workshop
Schönbrunn (20.4.)
Elekropop
A Life,
Asking A
The Bad
Wiener
21
FALTER 4/13
LEXIKON : MUSIK
Musik Tipps Pop

HIRSCHKALBSRÜCKEN
von „Richards Wild“ aus Fürstenberg

FÜR 4 PERSONEN:

HIRSCHKALBSRÜCKEN:
800 g Hirschkalbsrücken

MANDARINENGELEE:
100 ml Mandarinensaft, frisch gepresst
10 g Ingwer
1 Bl. Gelatine
½ g Agar-Agar

SCHWARZWURZELN:
400 g Schwarzwurzeln
200 g Kerbelknollen
50 g Butter
150 ml Milch
Salz
Pfeffer, schwarz

TOPFENKNÖDEL:
200 g Quark, abgehangen
25 g Paniermehl
25 g Maisgrieß
Mandarinenschalenzesten
Salz, Pfeffer, Öl
50 g Gewürzspekulatius

ANRICHTEN:
Meersalz

HIRSCHKALBSRÜCKEN: Den Rücken in 4 gleich große Stücke teilen. In einer Pfanne von allen Seiten kurz anbraten und bei 160 °C für 8 Minuten in den Ofen geben. Das Fleisch in Alufolie packen, den Ofen ausschalten und das Fleisch bei geöffneter Ofentür 10 Minuten ruhen lassen.

MANDARINENGELEE: Mandarinensaft mit den restlichen Zutaten aufkochen, von der Hitze nehmen und die eingeweichte Gelatine unterrühren. Über Nacht kalt stellen. Mit einer Küchenmaschine mixen und durch ein feines Sieb streichen. In eine Spritzflasche füllen.

SCHWARZWURZELN: Schwarzwurzeln unter fließendem Wasser mit einem Schwamm richtig sauber machen. Darauf achten, dass der ganze Sand abgewaschen ist. Einen Liter Wasser mit der Milch sowie der Butter aufkochen, die Schwarzwurzeln halbieren und 2 bis 3 Minuten blanchieren. Durch ein Sieb gießen und der Länge nach halbieren. In einer Pfanne mit etwas Butter, Salz und Pfeffer anbraten. Die Kerbelknollen ebenfalls waschen, schälen, vierteln und zu den Schwarzwurzeln in die Pfanne geben.

TOPFENKNÖDEL: Alle Zutaten vermengen und eine Stunde stehen lassen. In 35 Gramm schwere Kugeln formen und bei 160 °C in heißem Öl ausbacken. In klein gemahlenen Gewürzspekulatius wälzen.

ANRICHTEN: Die Schwarzwurzeln mit der flachen Seite nach unten nebeneinander anrichten. Den Rücken der Länge nach halbieren und auf die Schwarzwurzeln setzen. Etwas von dem Mandarinengelee mit der Spritzflasche auf dem Teller verteilen. Die Kerbelknollen ebenfalls verteilen. Die Topfenknödel links und rechts versetzt neben das Fleisch setzen. Etwas grobes Meersalz auf den Rücken geben.

PROFITIPP:
« **Anstatt Kerbelknollen kann man auch Topinambur nehmen.**
Tobias Janzen, Küchenchef

WEINEMPFEHLUNG:

2010 ZWEIGELT RUBIN CARNUNTUM
WEINGUT GLATZER
GÖTTLESBRUNN/NIEDERÖSTERREICH
Fest strukturierter Sortenklassiker mit saftiger Kirschfrucht und kernigem Tannin – ein gebietstypischer Zweigelt.
www.weingutglatzer.at

SCHWIERIGKEITSGRAD: MITTEL | **ZUBEREITUNGSZEIT:** 1 ½ STUNDEN

FILM
Darstellung der Wiener Medizinischen Schule.
disches Museum Wien 1., Dorotheerg. 11, Tel.
Klemens Marktl (dr) plus Special Guest Klaus Dickbauer
(sax): „Bandleader Alex Pinter versteht es sowohl als
Komponist als auch Improvisator, der Musik den Platz
zu lassen, den sie braucht, um zur Geltung zu kommen
als auch Intensität, Kraft und Energie dort einzusetzen,
wo diese benötigt wird. Komposition und Improvi-
sation ergänzen und kontrastieren einander in einer
ausgewogenen Leichtigkeit.“ Jazzland, Mo 21.00
Project Two (A) Bigbandjazz von Heinz Czadek (tb).
kommen noch Christoph Petschina (b) und Peter
Rosmanith (perc) dazu. „Als traumwandlerisch einge-
spieltes Musiker-Kollektiv lassen sie Klezmer als das
glänzen und wirken, was er von jeher war und immer
sein wird: eine wunderbare Musik, die unweigerlich alle
Menschen berührt, die bereit sind sich auf sie einzu-
lassen“ (Pressetext). Zum Abschluss des Musikfestivals
in between gibt es einen Auftritt gemeinsam mit dem
Schauspieler Erwin Steinhauer, der hier wieder einmal
in die Rolle des Sängers schlüpft. Theater Akzent, Do
Antonia Lersch
Musikanten-Stammtisch

JOLESCHTORTE
mit Blue Gin

FÜR 4 PERSONEN:

JOLESCHTORTEN-TEIG:
150 g Eigelb, 240 g Zucker
220 g Eiweiß
360 g Mandelgrieß
150 g Butter, 100 g Karotten
200 g Kürbiskerne, gehackt
120 g Mehl
50 ml Kürbiskernöl
55 g Backpulver

JOLESCHTORTEN-FÜLLUNG:
200 g Nougat
10 ml Kürbiskernöl
20 g Puderzucker
50 ml Sahne

JOLESCHTORTEN-GLASUR:
250 g Kuvertüre, dunkel
280 ml Sahne, 20 g Butter
30 g Kakaobutter

GINSORBET:
300 g Zucker
300 ml Wasser
Wacholder
Thymian
250 ml Blue Gin
von Reisetbauer
250 ml Zitronensaft
1 Msp. Vanille
1 g Xantana

ANRICHTEN:
Kürbiskerne, kandiert

JOLESCHTORTE: Das Eigelb mit der Hälfte des Zuckers schaumig schlagen, beiseitestellen. Das Eiweiß mit dem restlichen Zucker richtig steif schlagen. Die Karotten schälen und fein reiben, die Butter in einem Topf flüssig werden lassen. Nach und nach die restlichen Zutaten abwechselnd mit dem steifen Eiweiß unter das Eigelb heben. In einen ausgebutterten Tortenring geben und bei 170 °C eine Stunde backen. Auskühlen lassen. Den Teig aus der Form lösen und in der Mitte halbieren. Die untere Hälfte wieder in die Form legen. Nougat mit der Sahne, Kürbiskernöl und dem Puderzucker vermengen. In den Tortenring geben, mit der oberen Hälfte des Teiges bedecken und glatt drücken. 3 Stunden kalt stellen. Wieder aus der Form lösen und auf ein Gitter setzen. Für die Glasur die Sahne aufkochen, von der Hitze nehmen und die restlichen Zutaten langsam einrühren. Wenn sich alles aufgelöst hat, die Glasur gleichmäßig auf dem Kuchen verteilen und mit einer langen Palette glatt streichen.

GINSORBET: 300 Milliliter Wasser mit 300 Gramm Zucker auf 500 Milliliter köcheln und reduzieren lassen. Über Nacht mit etwas Wacholderbeeren und Thymian ziehen lassen. Mit dem Rest vermischen und in einem Pacojet-Becher einfrieren.

ANRICHTEN: Für jeden ein Stück Torte abschneiden und auf einen Teller setzen. Das Sorbet pacossieren und neben die Torte setzen. Mit etwas kandierten Kürbiskernen bestreuen.

PROFITIPP:
« Das beste Kürbiskernöl kommt aus der Steiermark. Es schmeckt und färbt die Torte am intensivsten.
Tobias Janzen, Küchenchef

DIGESTIF:

BLUE GIN
REISETBAUER
AXBERG/OBERÖSTERREICH
Der Blue Gin ist ein qualitativ hochwertiger Gin aus Österreich, der nur einmal im Jahr destilliert wird und limitiert ist.
www.reisetbauer.at

SCHWIERIGKEITSGRAD: MITTEL | **ZUBEREITUNGSZEIT:** 1 STUNDE

FILM
25.1.–31.1.
Filme A–Z
Empfohlen
Holz als Baustoff
heute und morgen
GE
Wissenschaf
Vorschau Pop
Jane Birkin im Festspielhaus St. Pölten (1.2.); Spot on Denmark 2013 im Wuk (1.2.); Paul Banks im Wuk (3.2.); Big Fox im Haus der Musik (5.2.); Dub Champions Festival 2013 mit Lee „Scratch" Perry, Adrian Sherwood u.a. im Wuk (5.2.); Tocotronic im Burgtheater (6.2.); The Jon Spencer Blues Explosion in der Arena (18.2.)
Jolesc
TORTE

STERNEKOCH **MATTHIAS DIETHER** ZÄHLT ZU DEN KULINARISCHEN GLANZLICHTERN BERLINS UND SORGT IM GOURMETRESTAURANT **FIRST FLOOR** DES HOTEL PALACE BERLIN FÜR OPTISCHE MEISTERWERKE.

DER DURCH BLICKER

Ping. Kurz nachdem sich der Fahrstuhl das erste Mal für Matthias Diether im ersten Stock des „Hotels Palace" geöffnet hatte, war er durch seine Kreationen auch schon am Kocholymp der deutschen Spitzenköche angelangt. Seit April 2010 steht der gebürtige Berliner als Küchenchef am Herd des Gourmetrestaurants „first floor" und begeistert Gäste wie Kritiker seitdem gleichermaßen. Einen Michelin-Stern und 17 Gault-Millau-Punkte hat er sich durch höchste Kreativität erkocht. Jedes Gericht präsentiert sich filigran, präzise und stellt ein in sich stimmiges Meisterwerk dar. Kein Wunder, lesen sich doch seine Lehrmeister wie das Who-is-who der deutschen Kochelite: Harald Wohlfahrt, Dieter Müller, Sven Elverfeld. Heute spielt Matthias Diether in derselben Liga und sein enormer Qualitätsanspruch treibt seine Kreationen zu immer neuen kulinarischen Höhenflügen.

KITCHEN-ROCK IM ERSTEN STOCK

Nicht nur fein wohnen, sondern auch fein schmecken kann man im Kulinarik-Epizentrum Charlottenburg. Das „Hotel Palace Berlin" nennt sich nicht ohne Grund Gourmethotel, denn in der ersten Etage des Hauses befindet sich das Sternerestaurant „first floor". 1993 eröffnet, zählte es bereits kurze Zeit später zu den kulinarischen Ausnahme-Adressen Berlins. Das lichtdurchflutete Restaurant mit einer gigantischen Fensterfront ist modern und elegant gehalten. 1997 wurde das Restaurant erstmals mit einem Michelin-Stern ausgezeichnet, den es seither lückenlos hält. Matthias Diether hat die klassische Linie der Küche 2010 nicht komplett über Bord geworfen. Aber durch seinen kulinarischen Mut schafft er neue Impulse, kocht entschlossener, mutiger und sorgt für Pep.

first floor
Budapester Straße 45
D-10787 Berlin
Tel.: +49 (0) 30/250 210 20
E-Mail: firstfloor@palace.de
www.firstfloor.palace.de

GÄNSELEBER – APFEL – PETERSILIE

FÜR 4 PERSONEN:

GÄNSELEBER:
700 g Gänseleber, pariert
35 ml Cognac
35 ml Süßwein, reduziert
35 ml Portwein, weiß, reduziert
7 g Pökelsalz
7 g Salz, rot
10 g Meersalz
Pfeffer aus der Mühle

PETERSILIENMOUSSE:
2 Schalotten
10 g Butter
180 g Petersilie, ohne Stiele
200 ml Hühnerbouillon
4 Bl. Gelatine
2 EL Zitronensaft
200 ml Sahne
Salz, Pfeffer

MARINIERTER APFEL:
1 l Apfelsaft
2 EL Honig
½ Limette
1 Apfel, Zitrone
2 Salbeizweige

ROTE APFELCREME:
1 Apfel, 1 Thymianzweig
1 TL Honig
Zitrone
Salz

APFELSCHEIBEN:
1 Apfel
Petersilienöl

GÄNSELEBER: Die parierte Gänseleber mit den gesamten Zutaten marinieren und abgedeckt im Kühlschrank 2 Tage ziehen lassen. Die marinierte Gänseleber in eine Terrinenform einfüllen und anschließend 2 Tage im Kühlschrank lagern. Danach die Gänseleber bei 86 °C für 6 Minuten pochieren und auskühlen. Die Terrine in Scheiben schneiden.

PETERSILIENMOUSSE: Die Schalotten schälen, fein hacken, in der warmen Butter kurz dünsten. Die Hühnerbouillon aufkochen und die Petersilie mit einem Mixer zu einer glatten und feinen Masse mixen. Die Gelatine in reichlich kaltem Wasser einweichen und in der warmen Bouillon auflösen. Den Zitronensaft beifügen. So lange kühl stellen, bis die Bouillon kalt ist, aber noch nicht zu gelieren beginnt. Eine Schüssel mit Klarsichtfolie auslegen. Die Sahne steif schlagen. Nacheinander die gedünsteten Schalotten, die Petersilie und die Sahne sorgfältig unter die erkaltete Bouillon mischen. Mit Salz und Pfeffer abschmecken. In die vorbereitete Form füllen und mindestens 3 Stunden kühl stellen.

MARINIERTER APFEL: Den Apfelsaft mit Honig, Limette, Zitrone und Salbei aufkochen. In eine Schüssel geben und mit Klarsichtfolie luftdicht einen Tag lang abdecken. Den Apfel ausstechen und anschließend die flüssige Marinade über den Apfel geben.

ROTE APFELCREME: Das Kerngehäuse des Apfels ausstechen und anschließend einen Zweig Thymian in den Apfel stecken. Den Apfel bei 200 °C für 20 Minuten im Ofen garen. Dann die Apfelhaut und den Thymianzweig entfernen und mit Honig, Zitrone und Salz vermischen.

APFELSCHEIBEN: Den Apfel entkernen und in dünne Scheiben schneiden. Anschließend in Petersilienöl marinieren, vakuumieren und ziehen lassen.

PROFITIPP:

« Bei einer Reduktion von Portwein immer darauf achten, dass man nicht zu viel reduziert, da ansonsten die Bitterstoffe freigesetzt werden.
Matthias Diether, Küchenchef

WEINEMPFEHLUNG:

2007 PIESPORTER GOLDTRÖPFCHEN, RIESLING AUSLESE
ST. URBANS-HOF/MOSEL
Feiner rieslingtypischer Pfirsichduft, Säure etwas feiner, verspielte restsüße Auslese, charmante Erscheinung, nicht zu tief oder zu komplex, dafür eindringlich und sehr gut zu trinken. Animiert den Gaumen.
www.urbans-hof.de

SCHWIERIGKEITSGRAD: MITTEL | **ZUBEREITUNGSZEIT:** ¾ STUNDE

TAUBE – ROTE BEETE – KANDIERTE NÜSSE

FÜR 4 PERSONEN:

TAUBENBRUST:
1 Taubenbrust

ROTE-BEETE-KUCHEN:
500 ml Rote-Beete-Saft
3 g Agar-Agar, 350 g Mohn
4 Bl. Gelatine, lauwarm eingeweicht
70 g Eigelb, 50 g Stärke
1 Zitrone, Abrieb
1 Vanilleschote, 120 g Butter

ROTE-BEETE-PÜREE:
600 g Rote Beete, gewaschen
600 g Meersalz
80 ml Gemüsefond
2 EL Olivenöl, Salz
1 TL Weißweinessig

ROTE-BEETE-SPHÄRE:
250 ml Rote-Beete-Saft
5,5 g Glucose
2 l Wasser
200 g Zucker
11 g Algin

KANDIERTE NÜSSE:
50 g Haselnüsse, 35 g Zucker
20 ml Wasser
Tonkabohne, gerieben
Meersalz, Szechuanpfeffer
Zitrone, Abrieb

TAUBENBRUST: Die parierte Taubenbrust in eine gleichmäßige Form tournieren und in Klarsichtfolie einschlagen. Die Enden fest verzwirbeln und zubinden. Die Brust bei 54 °C im Wasserbad pochieren bis eine Kerntemperatur von 50 °C erreicht ist. Die Taubenbrust herausnehmen und etwa 5 Minuten ruhen lassen. Die Folie entfernen und die Brust in einer Pfanne kurz anbraten bis sie rundherum Farbe annimmt. Abschließend in Scheiben aufschneiden.

ROTE-BEETE-KUCHEN: Rote-Beete-Saft mit Agar-Agar aufkochen. Dann den Mohn hineingeben. Die lauwarme Gelatine mit den weiteren Zutaten verrühren, auf einem Blech gleichmäßig verstreichen und auskühlen lassen. Dann ausstechen und bei Zimmertemperatur 20 Minuten ruhen lassen.

ROTE-BEETE-PÜREE: Meersalz auf einem Blech verteilen, die Rote Beete daraufgeben und bei 140 °C Umluft im vorgeheizten Ofen je nach Rübengröße 60 bis 80 Minuten weich garen. Die Rote Beete kurz abkühlen lassen, noch im warmen Zustand schälen und klein schneiden. Dann mit dem Fond und dem Öl fein pürieren. Das Püree durch ein Sieb streichen und die Masse mit Salz und Essig würzen.

ROTE-BEETE-SPHÄRE: Rote-Beete-Saft mit der Glucose für 15 Minuten leicht erwärmen und dann einfrieren. Wasser, Algin und Zucker vermischen und darin für 4 Minuten das Rote-Beete-Sorbet einlegen.

KANDIERTE NÜSSE: Haselnüsse für 4 Minuten bei 180 °C in den Ofen geben. Wasser mit dem Zucker aufkochen und leicht karamellisieren lassen. Nüsse unter ständigem Rühren hineingeben. Die rundherum karamellisierten Nüsse mit den restlichen Zutaten vermischen und das Ganze zum Abkühlen auf einem Blech verteilen.

PROFITIPP:

« **Alternativ kann man auch Hereford-Rind nehmen, das besondere Fleischqualität aufweist und einen intensiven Rindgeschmack hat.**
Matthias Diether, Küchenchef

WEINEMPFEHLUNG:

2009 SPÄTBURGUNDER KAMMERBERG GROSSES GEWÄCHS
WEINGUT FRIEDRICH BECKER
SCHWEIGEN/PFALZ
Kirschfrucht, klare und kühle Stilistik zu erkennen, schmeichelt am Gaumen: Mokka, Röstaromen und jugendliche Holznoten, im Mund samtig und eine gewisse Länge mit feinsten Gerbstoffen.
www.friedrichbecker.de

SCHWIERIGKEITSGRAD: SCHWER | **ZUBEREITUNGSZEIT:** 40 MINUTEN

ANANAS – FENCHEL – PERNOD

FÜR 4 PERSONEN:

ANANASSUPPE:
500 ml Ananassaft
150 g Joghurt
4 Bl. Gelatine

PERNOD-ANANAS:
½ Ananas
100 ml Ananassaft
200 g Zucker, 150 g Butter
Pernod
Pfeffer, schwarz, gemahlen

ANANASSORBET:
150 g Ananaspüree
125 ml Sahne
etwas Zucker
60 g Eigelb
½ Ananas

BUTTERMILCHMOUSSE:
125 g Buttermilch
10 g Fenchelsamen
75 g Zucker
3 Bl. Gelatine
130 ml Sahne

ANANASSUPPE: Gelatine in kaltem Wasser einweichen. Den Ananassaft zusammen mit dem Joghurt mixen. Nun eine kleine Menge leicht erwärmen und die Gelatine darin auflösen. Anschließend den restlichen Saft dazugeben und kalt stellen.

PERNOD-ANANAS: Die halbe Ananas schälen und in Würfel schneiden. In einer Pfanne den Zucker karamellisieren lassen und anschließend die Butter und den gemahlenen Pfeffer hinzufügen. Dann mit reichlich Pernod und etwas Ananassaft ablöschen. Nun die Ananaswürfel beigeben und kurz köcheln lassen.

ANANASSORBET: Eine halbe Ananas schälen, in Würfel schneiden und in einer Pfanne anrösten. Anschließend das Ananaspüree, die Sahne und etwas Zucker hinzufügen und aufkochen lassen. Diese Masse langsam unter ständigem Rühren zu dem Eigelb geben. Nun die gesamte Masse zurück in den Topf geben und auf niedriger Stufe wieder unter ständigem Rühren andicken lassen. Anschließend die Masse auf Eis stellen. Dann kalt pürieren, passieren und mithilfe einer Eismaschine frieren lassen.

BUTTERMILCHMOUSSE: Buttermilch zusammen mit dem Fenchelschaum in einem Topf leicht erwärmen und den Zucker hinzugeben. Separat die Gelatine in kaltem Wasser auflösen und schließlich zu der Buttermilch geben. Die Masse anschließend auf Eis kalt schlagen. Die Sahne steif schlagen und unter die kalte Buttermilchmasse heben.

PROFITIPP:

« Gibt man etwas Passionsfruchtsaft zu dem Ananaseis, kommt der Ananasgeschmack noch mehr zur Geltung und erlangt mehr Frische.
Karina Appeldorn, first-floor-Chef-Pâtissiere

WEINEMPFEHLUNG:

2006 PINOT NOIR ROSÉ BRUT
WEINGUT HUBER
SONDERSBACH/BADEN
Zarte fruchtige Nase nach Quittengelee und Rosenblättern, fein mineralisch am Gaumen mit einem würzigen Hintergrund. Trotz der sehr breiten Perlage wirkt dieser Rosé sehr elegant und ausgewogen.
www.weingut-huber.de

SCHWIERIGKEITSGRAD: MITTEL | **ZUBEREITUNGSZEIT:** ¾ STUNDE

URBANER NATURBURSCHE:
STEFAN HARTMANN HAT MIT SEINEM
HARTMANNS RESTAURANT EINEN TEMPEL
DES GUTEN GESCHMACKS IM BERLINER
BEZIRK KREUZBERG GESCHAFFEN.

ECHT HART, MANN!

Die Mission von Stefan Hartmann klingt so simpel wie einfach: Es soll schmecken. Zudem handwerklich sauber aus guten Produkten zubereitet, aber nicht avantgardistisch sein. Und tatsächlich sind seine Gerichte transparent und nachvollziehbar. Ohne großen Schnickschnack. Durch diese puristische französisch-mediterran angehauchte Küche hat sich der 35-jährige Küchenchef im Jahr 2010 auch einen Michelin-Stern erkocht. Relaxter Genuss ohne viel Chichi – so könnte man einen Abend beim untypischen Sternekoch bezeichnen. Gelernt hat er diesen Simplizismus bei Legenden wie Josef Viehhauser, Joachim Splichal oder Kolja Kleeberg. Mit der Eröffnung seines eigenen Restaurants setzte er sich 2007 im Handumdrehen an die Spitze der Berliner Gastronomen und überzeugt auch heute noch durch seine Lust am Experimentieren.

HARTMANN

KREUZBERGER UNDER STATEMENT

Kreuzberger Nächte können definitiv lang sein. Viel wichtiger ist aber natürlich, dass sie köstlich sind. Und voll herrlicher Aromen. Genau dafür sorgt Stefan Hartmann ohne große Umwege. Denn gleich wenn man die Stiegen zu „Hartmanns Restaurant" hinabgeht, sieht man dem Küchenchef auch schon bei der Arbeit zu. Das Ambiente ist leicht verdaulich, übersichtlich wie die Gerichte und im Sommer ist es angenehm, auf der Straßenterrasse zu sitzen. Hier kreuzen sich dann nicht nur die Wege von Gourmets, Nachbarn oder Szenegängern. Egal aus welchen Ecken und Enden der großen Stadt die Gäste in Scharen herbeiströmen, sie alle schätzen die gelungene Mischung aus Gourmetküche und ungezwungener Atmosphäre. Ein geradliniges Restaurant, das mit Understatement überzeugt.

Hartmanns Restaurant
Fichtestraße 31
D-10967 Berlin
Tel.: +49 (0) 30/612 010 03
E-Mail: mail@hartmanns-restaurant.de
www.hartmanns-restaurant.de

KEIN
AVANTGARDE
KOCH

ZANDER MIT SPINATCREME

Rote-Bete-Tortellini und Crumble

FÜR 4 PERSONEN:

CRUMBLE:
1 Toastbrotscheibe
Zanderhaut
Olivenöl

ZANDER:
300 g Zanderfilet, mit Haut
500 ml Olivenöl zum Confieren
Salz

SPINATCREME:
500 g Spinat, grob
etwas Butter
Crème fraîche
Muskat, Salz

ROTE-BETE-TORTELLINI:
200 g De-Cecco-Nudelgrieß
100 g Weizenmehl, Typ 405
4 Eigelb
etwas Salz
500 ml Rote-Bete-Saft
2 Stk. Rote Bete, gekocht
5 g Koriandersaat

ANRICHTEN:
Rote-Bete-Blätter

CRUMBLE: Die Zanderhaut auf Backpapier bei 120 °C im Ofen 2 Stunden krossen. Toastscheibe und Olivenöl in einer Pfanne goldbraun rösten. Die krosse Haut mixen und unter den Toast mischen.

ZANDER: Den Zander leicht einsalzen und eine Stunde beiseitestellen. Olivenöl auf 58 °C bringen und den Zander 20 Minuten confieren.

SPINATCREME: Den Spinat blanchieren, dann pürieren und über Nacht in einem Tuch abhängen. In einer Sauteuse die Butter bräunen, Spinat dazugeben und mit Salz und Muskat abschmecken. Vor dem Anrichten Crème fraîche dazugeben.

ROTE-BETE-TORTELLINI: Rote-Bete-Saft reduzieren, bis er dickflüssig ist. Zutaten für den Teig vermengen. Hälfte des Rote-Bete-Saftes dazugeben. Teig ruhen lassen. Rote Bete pürieren und im Tuch über Nacht abhängen. Koriandersaat rösten, mixen und unter das Rote-Bete-Püree ziehen. Tortellini formen.

PROFITIPP:

« **Die fertigen Tortellini durch den restlichen reduzierten Rote-Bete-Saft ziehen. Das gibt eine schöne Farbe und einen intensiveren Geschmack.**
Stefan Hartmann, Küchenchef

WEINEMPFEHLUNG:

2009 LORES CHARDONNAY
KULTURWEINGUT
JOHANNESHOF REINISCH
THERMENREGION/NIEDERÖSTERREICH
Für 10 Monate in Holzfässern gereifter Chardonnay. Röstaromen, cremige Fruchtnoten, dazu vitale Säure mit guter Länge.
www.j-r.at

SCHWIERIGKEITSGRAD: MITTEL | **ZUBEREITUNGSZEIT:** 40 MINUTEN

GESCHMORTE REHSCHULTER
mit Kartoffelkrapfen, Quitten und Rosenkohl

FÜR 4 PERSONEN:

REHSCHULTER:
2 Rehschultern, klein
1 l Wildfond
400 ml Rotwein
200 ml Portwein
6 Schalotten
100 g Staudensellerie
100 g Knollensellerie
50 g Fourme d'Ambert
Piment, Wacholder
Lorbeer, Salz

KARTOFFELMASSE
400 g Kartoffeln, mehlig kochend
Salz

BRANDTEIG:
200 ml Wasser
80 g Butter
120 g Mehl
2 Eigelb
1 Vollei
1 l Pflanzenöl zum Frittieren
Salz, Pfeffer, Muskat

QUITTE:
1 Quitte, groß
200 ml Apfelsaft
etwas Zucker

ROSENKOHL:
200 g Rosenkohl
Pflanzenöl, Salz
Pfeffer, Muskat
Butter

REHSCHULTER: Die Rehschulter in einem Bräter anbraten. Herausnehmen und das klein geschnittene Gemüse anbraten. Mit Rotwein und Portwein ablöschen und einkochen, dann mit dem Wildfond aufgießen und die Gewürze und den Käse dazugeben. Die Schulter einlegen und mit dem Deckel etwa 2,5 Stunden bei 140 °C garen, bis sich der Blattknochen löst. Den Fond passieren und reduzieren.

KARTOFFELMASSE: Kartoffeln schälen und mit wenig Wasser und Salz garen. Kartoffeln durch eine Kartoffelpresse drücken und abgedeckt zur Seite stellen.

BRANDTEIG: Das Wasser mit der Butter und Salz aufkochen. Mit einem Kochlöffel das Mehl einrühren, bis eine feste Teigkugel entsteht. Danach den Topf auf den Herd stellen und unter Rühren den Teig 3 Minuten abbrennen, bis sich ein weißer Belag am Topfboden bildet. Teig in eine Schüssel geben, kurz etwas abkühlen lassen und nach und nach das Vollei und die Eigelbe kräftig unterrühren. Brandteig mit Muskat und frisch gemahlenem Pfeffer kräftig würzen, gegebenenfalls salzen. Brandteig mit der Kartoffelmasse vermengen, ruhen lassen. Nocken abstechen und in 160 °C heißem Fett goldgelb backen.

QUITTE: Die Quitte schälen und in kleine Würfel schneiden. Die Abschnitte mit dem Saft und Zucker 5 Minuten köcheln lassen. Dann 10 Minuten ziehen lassen und passieren. Fond mit den Quittenwürfeln einkochen.

ROSENKOHL: Die äußeren Blätter entfernen, dann mit einem Kugelausstecher den Strunk rausdrehen. Blätter einzeln abputzen, die Herzen aufbewahren. Rosenkohlblätter in einer Pfanne in Öl leicht anbraten. Mit Salz, Pfeffer und Muskat würzen. Kurz vor dem Anrichten Hitze hochdrehen und etwas Butter hinzufügen.

PROFITIPP:

« **Die Rosenkohlherzen ganz fein hacken, in der Pfanne rösten und zu der Kartoffelkrapfenmasse geben.**
Stefan Hartmann, Küchenchef

WEINEMPFEHLUNG:

2003 „LE SID" CAHORS
DOMAINE COSSE – MAISONNEUVE
SÜDWESTFRANKREICH
Biodynamischer Ausbau von 30 Jahre alten Rebstöcken (90 % Malbec, 7 % Merlot, 3 % Tonnat). Große Komplexität und Eleganz.
www.dynamicvines.com

SCHWIERIGKEITSGRAD: MITTEL | **ZUBEREITUNGSZEIT:** 50 MINUTEN

SCHOKOLADENTARTE
Sanddorn, Kaffee

FÜR 4 PERSONEN:

SCHOKOTARTE:
Mürbteig
300 g Butter
500 g Mehl, 2 Eier
120 g Zucker
60 g Mandelgrieß

SCHOKOMASSE:
200 g Kuvertüre, 4 Eier
200 g Butter, 200 g Zucker

SCHOKOMOUSSE:
150 g Kuvertüre, 2 Eigelb
1 Espresso, 50 g Zucker
200 ml Sahne, 1 Bl. Gelatine

GANACHE:
50 g Zucker, 50 ml Sahne
2 Espresso, 20 g Honig
150 g Milchkuvertüre

SANDDORNEIS:
200 g Sanddornpüree
6 Eigelb, 150 g Zucker
125 g Butter

SANDDORNCREME:
150 g Sanddornpüree
60 g Zucker, 100 g Butter
2 Volleier, 3 Eigelb

KAFFEECREME:
400 ml Sahne
50 g Zucker, 2 Espresso
2 g Agar-Agar
3 Bl. Gelatine
Espressopulver

SCHOKOTARTE: Temperierte Butter mit Mehl, Eiern, Zucker und Mandelgrieß verkneten und eine Stunde im Kühlschrank ruhen lassen. Teig ausrollen, in die gewünschte Form bringen und bei 180 °C blind backen. Die Kuvertüre mit weicher Butter im Wasserbad auflösen. Zucker und Eier dazurühren. Auf den gebackenen Mürbteig gießen und bei 90 °C im Ofen eine Stunde garen.

SCHOKOMOUSSE: Kuvertüre im Wasserbad schmelzen, Eigelb mit Espresso und 50 Gramm Zucker zur Rose abziehen, ausgedrückte Gelatine unterrühren und nun die geschlagene Sahne unterheben. Schokomousse kalt stellen.

GANACHE: Den Zucker karamellisieren und mit der Sahne ablöschen. Die restlichen Zutaten dazugeben und mit dem Küchenmixer mixen. Kalt stellen.

SANDDORNEIS: Das Eigelb mit dem Zucker und dem Sanddornpüree zur Rose abziehen. Die Butter mit einem Mixer mixen und alles in der Eismaschine kalt rühren.

SANDDORNCREME: Alle Zutaten zur Rose abziehen. Eventuell danach noch aufmixen. Kalt stellen.

KAFFEECREME: Alle Zutaten zusammen aufkochen und die ausgedrückte Gelatine unterrühren. Die Creme daumenhoch auf ein Backblech gießen.

PROFITIPP:
« **Den rohen Mürbteigboden in das Tiefkühlfach stellen und dann bei 180 °C für 15 Minuten backen. Der Mürbteig geht dadurch nicht auf.**
Stefan Hartmann, Küchenchef

WEINEMPFEHLUNG:
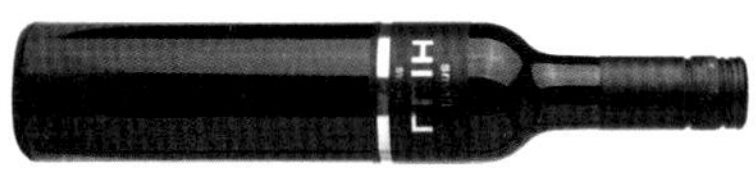

2007 SMALL HILL SWEET
WEINGUT LEO HILLINGER
BURGENLAND/ÖSTERREICH
Feine Trockenbeerenauslese aus 50 % Chardonnay und 50 % Welschriesling. Goldgelbe Reflexe, viel Frische und sehr dichte Struktur.
www.leo-hillinger.com

LEICHTE HAUTE CUISINE MIT SPANNENDEN AKZENTEN: **THOMAS KAMMEIER** SORGT IM 14. STOCK DES **INTERCONTINENTAL BERLIN** NICHT NUR DANK DES PANORAMAS FÜR SCHWINDELERREGENDE HÖHENFLÜGE.

MESSER SCHARFER TYP

Die Augen leuchten einem aufmerksam entgegen. Kurz richtet sich der Blick wieder konzentriert auf den Teller und während Thomas Kammeier mit einer beeindruckenden Leichtigkeit ein herrlich duftendes Langostino-&-Ibérico-Gericht finalisiert, denkt man sich: Wie zum Teufel schafft er das nur? Es ist eine hohe Kunst, solch atemberaubende Kreationen auf den Teller zu zaubern, als wäre es das Leichteste auf der Welt. Fragt man Kammeier nach seiner Philosophie, betont er vor allem einen Aspekt: Das Grundprodukt soll im Vordergrund stehen. Ohne von unnötigen Ablenkungen überlagert zu werden, doch stets mit starken Aromen versehen. Seit 1998 ist Thomas Kammeier bereits Küchenchef von „Hugos Restaurant“ im „InterContinental Berlin“. Ein Michelin-Stern und 17 Punkte im Gault Millau sind der Beweis dafür, dass es nicht nur leicht aussieht, was er da tut.

Hgos

HOCHGENUSS IM VIERZEHNTEN STOCK

Die nächtliche Skyline liefert sich mit den raffinierten Kreationen Thomas Kammeiers ein beinhartes Match. Ein Highlight folgt auf das andere und die Blicke der Gäste von „Hugos Restaurant" wandern vom herrlichen Panorama immer wieder zu den perfekt zubereiteten Gerichten hin. Das Ambiente überzeugt: Dieses schlicht wie elegant eingerichtete Lokal mit blitzweißen Tischdecken, dunkel bezogenen Sesseln, hellen Wänden und großen Schwarz-Weiß-Fotografien sorgt für eine wohlige Atmosphäre. Der perfekte Rahmen, um Inspiration, Intuition und Gefühl freien Lauf zu lassen. Und das gelingt Thomas Kammeier mit seinem Team mit herrlicher Leichtigkeit. Maître Olaf Rode sorgt zudem durch Charme und Diskretion für einen individuellen Service, den Sommelier Michael Köhle perfekt abrundet.

Hugos Restaurant
Budapester Straße 2
D-10787 Berlin
Tel.: +49 (0) 30/26 02-0
E-Mail: info@hugos-restaurant.de
www.hugos-restaurant.de

KÜRBIS & ORANGE

Butternut-Kürbis, Kichererbsen, Schafsjoghurt, kandierter Buchweizen

FÜR 4 PERSONEN:

KÜRBIS:
1 Butternut-Kürbis
20 g Rohrzucker, braun
Raz el-Hanout, Salz
Geflügelfond, Apfelessig
Honig, Piment d'Espelette,
1 Lorbeerblatt, Senfsaat

SCHAFSJOGHURT:
125 g Schafsjoghurt
¼ TL Gelespessa

BUCHWEIZEN, GRANATAPFELKERNE UND WILDKRÄUTERSALAT:
1 Granatapfel
1 Orange
25 g Buchweizenkerne
Puderzucker
100 g Wildkräutersalat

DRESSING:
5 Limetten
10 ml Olivenöl
10 ml Kürbiskernöl
Salz, Honig
Piment d´Espelette

KÜRBIS: Einen Teil des Kürbisses in Riegel schneiden, den Zucker in die Pfanne geben, den Kürbis zugeben und in der Pfanne karamellisieren. Mit Salz und Raz el-Hanout würzen. Einen Teil des Kürbisses mit der Spaghetti-Maschine in Juliennes schneiden. Den Geflügelfond mit Lorbeer, Senfsaat und Piment d'Espelette ziehen lassen, dann mit Apfelessig, Honig und Salz abschmecken, passieren und die Kürbisspaghetti in den erkalteten Fond einlegen.

SCHAFSJOGHURT: Das Gelespessa in den Joghurt einrühren, dann in eine Plastikflasche füllen, so lassen sich die Tupfen besser spritzen.

BUCHWEIZEN, GRANATAPFELKERNE UND WILDKRÄUTERSALAT: Den Granatapfel entkernen, Orange filetieren, die Buchweizenkerne in einer Pfanne kurz anrösten und mit Puderzucker karamellisieren. Mit dem Wildkräutersalat garnieren.

DRESSING: Aus allen Zutaten das Dressing herstellen und abschmecken.

PROFITIPP:

« **Das Kürbiskernöl dunkel und kalt lagern. So halten sich Farbe und Aroma.**

Thomas Kammeier, Küchenchef

WEINEMPFEHLUNG:

2011 HUGOS GRAUBURGUNDER
JOCHEN DREISSIGACKER
RHEINHESSEN
Cremiger, konzentrierter, sehr intensiver Wein. Eine Exclusive Editions Cuvée, welche das „Hugos"-Team mit Jochen Dreissigacker zusammengestellt hat.
www.dreissigacker-wein.de

SCHWIERIGKEITSGRAD: MITTEL | **ZUBEREITUNGSZEIT:** 40 MINUTEN

LANGOSTINO & IBÉRICO

Gebraten, Bauch, Ponzu-Zwiebeln, Mango

FÜR 4 PERSONEN:

IBÉRICO-BAUCH:
400 g Ibérico-Schweinebauch, Salz, Pökelsalz, Pfeffer, Orangenabrieb, Lorbeerblatt

LANGOSTINO & LANGOSTINOTATAR:
7 Stk. Langostinos, 4/7er, Olivenöl, Chili
Knoblauch, Thymian, Salz, 1 Karotte
Piment d'Espelette, Limette

SALAT:
Rettich, weiß, Friseé, Koriander
Sakurakresse, rot, Kikunakresse
Salz, Pfeffer, Limettensaft, Honig, Olivenöl

PONZU-ZWIEBELN:
30 Stk. Zwiebeln, rot, fein gewürfelt
100 g Ingwer, fein gewürfelt
100 g Sushi-Ingwersaft
6 Stk. Knoblauch, fein gehackt
2 Stk. Chili, fein gewürfelt
350 g Zucker, 500 ml Sojasauce
500 ml Sake, 500 ml Reisweinessig, Öl

PFLAUMENGEL:
10 Backpflaumen
Pflaumenessig, Pflaumenkernöl, Salz
Piment d'Espelette, Limettensaft

ZITRONENGRAS-MANGOSAUCE:
13 Knoblauchzehen, 100 g Schalotten
8 Zitronengrasstängel, 2 Stk. Limonenblätter, 1 Lorbeerblatt, Limonenabrieb
¼ Chilischote, 100 g Butter
100 ml Noilly Prat, 250 ml Kalbsfond
100 ml Sahne, 35 g Kokospulver
1 EL Crème fraîche, 100 g Mangopüree

IBÉRICO-BAUCH: Den Schweinebauch würzen, in einen Vakuumbeutel geben, vakuumieren und bei 90 °C ca. 24 Stunden weich garen. Den Bauch im Beutel beschweren und erkalten lassen, danach die Schwarte gleichmäßig einschneiden, im Fond vorsichtig erwärmen und unter dem Salamander krossen.

LANGOSTINO & LANGOSTINOTATAR: Die Langostinoschwänze ausbrechen und vom Darm befreien. 4 Stück Langostinos würzen und mit den Zutaten in eine Pfanne geben, vorsichtig im Backofen glasig garen. 3 Stück Langostinos in feine Würfel schneiden, mit Salz, Piment d'Espelette und Limettensaft sowie Abrieb würzen. Die Karotte schälen, in dünne Scheiben schneiden, blanchieren und als Mantel für das Tatar benutzen.

SALAT: Den Rettich in feine Streifen schneiden, Koriander in Juliennes schneiden, die Kresse und den Friseé fein zupfen. Aus Limettensaft, Honig, Salz, Pfeffer sowie Olivenöl ein Dressing herstellen und marinieren.

PONZU-ZWIEBELN: Knoblauch, Ingwer und Chili in etwas Öl anschwitzen, Zwiebeln zugeben, langsam ohne Farbe anschwitzen. Zucker zugeben und leicht karamellisieren lassen. Flüssigkeiten zugeben und heiß und schnell reduzieren, abschmecken.

PFLAUMENGEL: Pflaumen in einen kleinen Mixer geben, mit den Zutaten mixen, passieren und abschmecken.

ZITRONENGRAS-MANGOSAUCE: Schalotten, Knoblauch, Zitronengras und Limonenblätter klein schneiden und mit dem Lorbeer, Chili und Limonenabrieb in Butter anschwitzen. Mit Noilly Prat ablöschen und reduzieren. Kalbsfond zugeben, wieder reduzieren, mit Sahne auffüllen. Kokospulver dazugeben, mit der Crème fraîche aufmixen, passieren, Mangopüree zugeben und abschmecken.

PROFITIPP:

« **Den Langostino am Schwanzende aufschneiden, so kann man den Darm ziehen und der Langostino bleibt unbeschadet.**
Thomas Kammeier, Küchenchef

WEINEMPFEHLUNG:

2011 RIESLING ROSENGARTEN
JOCHEN DREISSIGACKER
RHEINHESSEN
Duftet nach reifen Aprikosen und Rose. Exotischer Riesling mit einer feinen Mineralität, perfekt, um die asiatisch angehauchten Aromen aufzufangen.
www.dreissigacker-wein.de

SCHWIERIGKEITSGRAD: SCHWER | **ZUBEREITUNGSZEIT:** 1 ½ STUNDEN (OHNE IBÉRICO-BAUCH)

BOSKOP-APFEL

Schaum, Sorbet, Gelee, Champagner-Rosine, Apfel-Malz-Aufguss

FÜR 4 PERSONEN:

BOSKOP-APFELSCHAUM:
575 g Granny-Smith-Püree
25 ml Monin-Apfelsirup
25 g ProEspuma, 5 Bl. Gelatine

BOSKOP-SORBET:
500 ml Apfelsaft
200 g Glucosesirup
200 g Zucker
1 l Boskop-Apfelsaft

BOSKOP-GELEE:
500 ml Boskop-Apfelsaft
50 g Zucker, 20 TL Gella low

APFELSTEMPEL:
100 g Boskop-Apfelwürfel
100 g Gelierzucker, 1 Bl. Gelatine

CHAMPAGNER-ROSINEN:
100 g Rosinen
500 ml Champagner
3 Stk. Sodakapseln

BRETONISCHER STAUB:
50 g Maltosec
10 g Kakaopulver
10 g Pekannüsse, geröstet
2 g Kubeben-Pfeffer, gemahlen

APFELBLASEN:
250 ml Boskop-Apfelsaft, frisch
50 ml Monin-Apfelsirup
2 g Lecithin
2 g Sucro
0,8 g Xantana Zoon

BOSKOP-APFELSCHAUM: Die Blattgelatine in kaltem Wasser einweichen, Apfelpüree, Monin-Apfelsirup und ProEspuma mit der Gelatine in den Mixer geben und mixen. Die Masse in die Espuma-Flasche füllen, verschließen und 3 Kapseln einfüllen.

BOSKOP-SORBET: Apfelsaft, Glucose sowie Zucker erwärmen und auflösen. Den frischen Saft zugeben, erkalten lassen und in der Eismaschine gefrieren.

BOSKOP-GELEE: Die Zutaten zusammen aufkochen, auf ein Tablett gießen, erkalten lassen und portionieren.

APFELSTEMPEL: Den Gelierzucker über die Apfelwürfel geben, eine Stunde ruhen lassen, zusammen kurz aufkochen, Gelatine zugeben und auf Eis kalt rühren.

CHAMPAGNER-ROSINEN: Die Rosinen und den Champagner zusammen in eine Espuma-Flasche geben, verschließen und 3 Sodakapseln dazugeben. 2 Tage in der Flasche verwahren, dann den Druck ablassen und die Rosinen entnehmen.

BRETONISCHER STAUB: Die Zutaten zusammen im Mixer zerkleinern.

APFELBLASEN: Die Zutaten vermengen und mittels einer Pumpe Luft in das Gemisch blasen und dadurch Schaum herstellen.

PROFITIPP:

« Die Rosinen werden durch diese Variante schön prall und nehmen das Champagner-Aroma sehr gut auf.

Thomas Kammeier, Küchenchef

WEINEMPFEHLUNG:

2009 RIESLANER AUSLESE
JOCHEN DREISSIGACKER
RHEINHESSEN
Kreuzung aus Riesling und Silvaner. Tolles Süße-Säure-Spiel, angenehm frisch und lebendig.
www.dreissigacker-wein.de

SCHWIERIGKEITSGRAD: MITTEL | **ZUBEREITUNGSZEIT:** 2 STUNDEN

VEGANE KÜCHE OHNE ERHOBENEN ZEIGEFINGER, DAFÜR MIT VIEL SPASS. **LA-MANO-VERDE**-KÖCHIN **MONICA JIMÉNEZ** IST DER BEWEIS DAFÜR, DASS EIN GRÜNER DAUMEN NOCH ZU WENIG IST.

EIN GRÜNES HÄNDCHEN

Spannende gehobene Küche geht auch ohne Fleisch und Fisch. Das beweist Chefköchin Monica Jiménez tagtäglich im veganen Restaurant „La Mano Verde" in der Uhlandstraße. Die gebürtige Spanierin lässt dabei ihrer Kreativität freien Lauf und serviert herrlich leichte Gerichte wie „Orange glasiertes Tempeh", „Timbale Salsa Verde" oder eine „Garten-Lasagne", die das allseits beliebte Hackfleisch nicht den Bruchteil einer Sekunde vermissen lässt. Gemeinsam mit ihren Teamkollegen Julian Galea and Curro Gutierrez zeigt die überzeugte Veganerin mit einer spielerischen Leichtigkeit, wie die Zukunft der gehobenen Gastronomie auszusehen hat. Wie angesagt die Küche der spanischen Ausnahmeköchin mittlerweile ist, demonstriert eindrucksvoll die Reservierungsliste: Fast jeden Abend ist die stimmungsvolle Location ausgebucht.

ROHKÖSTLICH VEGAN GENIESSEN

Das Restaurant „La Mano Verde" bietet seinen Gästen seit Mai 2011 zwischen Ku'damm und Uhlandstraße fantastische vegane Küche auf Gourmetniveau. Chef des herrlich unkonventionellen Etablissements ist Jean-Christian Jury. Nachdem er drei Restaurants in London geführt hatte, eröffnete Jury das „La Mano Verde" in Berlin. Gemeinsam mit Partnerin Barbara Miller hat er hier seine Idee von veganem Essen in detailverliebter Perfektion und stylishem Ambiente umgesetzt. Anspruchsvoll, komplex und raffiniert. Veganer sind hier jedoch nur etwa ein Viertel des Publikums. Meist besuchen Vegetarier und viele, die gesünder essen möchten, die aufregende Lokalität aus Interesse – und werden binnen kürzester Zeit zu immer wiederkehrenden Stammgästen.

La Mano Verde
Uhlandstraße 181–183
D-10623 Berlin
Tel.: +49 (0) 30/82 70 31 20
E-Mail: contact@lamanoverdeberlin.com
www.lamanoverdeberlin.com

PILZ- UND BLUMENKOHL-CANNELLONI

Pochierter Blumenkohl, Trüffel- & Pilz-Carpaccio mit geröstetem Knoblauch-Crumble

FÜR 4 PERSONEN:

BLUMENKOHL-CANNELLONI:
1 Blumenkohl
500 g verschiedene Pilze, fein gewürfelt
30 ml Rapsöl
30 g Alsan
100 ml Gemüsebrühe
30 ml Weißwein
Salz

POCHIERTER BLUMENKOHL:
Blumenkohlröschen, sauber gestutzt
2 l Wasser
1 Lorbeerblatt
1 TL Pfefferkörner
½ TL Nelken
1 TL Thymian
Salz

GERÖSTETER KNOBLAUCH-CRUMBLE:
3 Knoblauchzehen, geröstet
150 g Hefeflocken
50 g Pinienkerne, geröstet

TRÜFFEL- & PILZ-CARPACCIO:
verschiedene Pilze
1 Trüffel, schwarz, klein
Salz
Olivenöl

BLUMENKOHL-CANNELLONI: Den Strunk mit dem Gemüsehobel der Länge nach in 0,5 cm dicke Scheiben schneiden. Die Scheiben eine Minute in leicht gesalzenem Wasser blanchieren, mit kaltem Wasser abschrecken, abtropfen und zur Seite stellen. Die gewürfelten Pilze auf mittlerer Hitze in Rapsöl anbraten. Mit Weißwein ablöschen. Die Gemüsebrühe und das in Würfel geschnittene Alsan hinzufügen und auf niedriger Flamme köcheln lassen, bis die Flüssigkeit absorbiert ist. Die Mischung in einen Spritzbeutel füllen und kalt stellen. Nun 3 Blumenkohlscheiben für einen Cannellone so längs übereinanderlegen, dass sich die Scheiben leicht überlappen. Dann wird ein Streifen von der Pilzmischung daraufgespritzt. Die Blumenkohlscheiben der Länge nach einrollen, um Cannelloni zu formen, und die Enden abschneiden.

POCHIERTER BLUMENKOHL: 2 Liter Wasser mit dem Lorbeerblatt, den Pfefferkörnern, den Nelken, dem Thymian und dem Salz zum Kochen bringen. Die Hitze reduzieren und den Sud 20 Minuten köcheln lassen. Den Blumenkohl hinzufügen und ihn auf schwacher Hitze kochen lassen, bis er gleichmäßig gegart ist. Den Blumenkohl herausnehmen und abkühlen lassen. Die Flüssigkeit wird aufbewahrt, um den Blumenkohl vor dem Servieren aufzuwärmen.

GERÖSTETER KNOBLAUCH-CRUMBLE: Knoblauch, die Hefeflocken und die Pinienkerne leicht in der Küchenmaschine mixen, bis die Mischung die Konsistenz von Sand hat. Der Knoblauch-Crumble wird gekühlt aufbewahrt, sollte aber vor dem Gebrauch wieder Zimmertemperatur erreicht haben.

TRÜFFEL- & PILZ-CARPACCIO: Die Pilze und den schwarzen Trüffel mit dem Gemüsehobel in dünne Scheiben schneiden. Die Scheiben mit ein bisschen Olivenöl bestreichen und etwas Salz daraufstreuen. Auf dem Teller wie gewünscht anrichten.

PROFITIPP:

« **Wenn die Blumenkohlscheiben zu dick geschnitten sind, verlieren sie an Flexibilität und man kann sie schlechter einrollen.**

Monica Jiménez, Küchenchefin

WEINEMPFEHLUNG:

SILVANER 100 HÜGEL
WEINGUT WITTMANN
WESTHOFEN/RHEINHESSEN
Zarter Duft von frischem Wiesenheu, elegante frische Frucht von Melone und Birne.
www.weingutwittmann.de

SCHWIERIGKEITSGRAD: SCHWER | **ZUBEREITUNGSZEIT:** 1 STUNDE

GLASIERTES ZITRUS-TEMPEH
mit Pfannengemüse

FÜR 4 PERSONEN:

GLASIERTES ZITRUS-TEMPEH:
4 Orangen, davon der Saft
½ Limette, davon der Saft
3 EL Yuzusu (Yuzu-Essig)
1 EL Ingwer, frisch gerieben
2 EL Tamari-Sauce
2 EL Mirin (japanischer Reiswein)
2 TL Agavensirup
2 Knoblauchzehen, zerdrückt
1 EL Shiro Miso
2 EL Olivenöl
400 g Tempeh

PFANNENGEMÜSE:
2 Pak Choi
2 Frühlingszwiebeln
1 TL Sesamöl
Salz, Pfeffer

GEDÖRRTE ORANGE:
2 Orangenscheiben
¼ TL Koriander, gemahlen
1 Orange, davon der Saft

GLASIERTES ZITRUS-TEMPEH: Orangensaft, Yuzusu und Limettensaft in eine kleine Schüssel geben. Den geriebenen Ingwer über der Schüssel ausdrücken, das Fruchtfleisch entsorgen. Tamari-Sauce, Mirin, Knoblauch und Agavendicksaft hinzufügen und alles vermischen. Die Zitrus-Sauce in die Pfanne geben und für 10 Minuten köcheln lassen. Jetzt das Shiro Miso hinzugeben, umrühren und beiseitestellen. Das Tempeh in beliebig große Stücke schneiden. Das Olivenöl in einer großen Pfanne auf mittlerer Stufe erhitzen. Wenn das Öl heiß ist, aber noch nicht dampft, das Tempeh in die Pfanne geben und für 5 Minuten auf beiden Seiten anbraten. Das Tempeh noch einmal wenden und nach und nach mit einem Löffel die Sauce darübergießen.

PFANNENGEMÜSE: Den Pak Choi und die Frühlingszwiebeln schneiden. Das Sesamöl in einem Wok erhitzen und das Gemüse kurz darin anbraten, damit es knackig bleibt. Salzen und pfeffern.

GEDÖRRTE ORANGE: Die Orangenscheiben mit Schale für mindestens 2 Stunden in Orangensaft und Koriander marinieren. Danach die Schale der Orangenscheiben mit einem Ring oder einem Messer abschneiden. Dabei darauf achten, das möglichst alles Weiße von der Schale entfernt wird, da es Bitterstoffe enthält. Beides wird über Nacht bei 50 °C im Backofen für 8 bis 10 Stunden gedörrt. Die gedörrte Orangenschale kann entweder in einem Mörser zu Pulver verarbeitet oder mit dem Messer in sehr kleine Stücke geschnitten werden.

ANRICHTEN: Das Tempeh mit der Glasur beträufeln und zusammen mit dem leicht angebratenen Pak Choi und den Frühlingszwiebeln servieren. Die gedörrten Orangenscheiben als Garnitur auf das Tempeh legen, das Orangenschalenpulver nach Belieben auf dem Teller garnieren.

PROFITIPP:
« **Um das Tempeh aromatischer zu machen empfiehlt es sich, es über Nacht mit Mirin, Tamari und Wasser einzulegen.**
Monica Jiménez, Küchenchefin

WEINEMPFEHLUNG:

LES RUCHES MAS DE QUERNE
MAS DES QUERNES, SAINT-JEAN-DE-FOS
LANGUEDOC/FRANKREICH
Bukett von Schokolade, frischer schwarzer Johannisbeere, Brombeere und Holunderblättern, am Gaumen sehr dicht, feinkörnige Struktur und Schmelz. Lohnt das Lagern.
www.mas-des-quernes.com

SCHWIERIGKEITSGRAD: MITTEL | **ZUBEREITUNGSZEIT:** 40 MINUTEN

PFLAUMEN-CHEESECAKE

FÜR 4 PERSONEN:

BODEN:
50 g Medjool-Datteln
50 g Erdmandelmehl
30 g Kokosraspeln
½ TL Agavensirup
20 ml Kokosöl
¼ TL Zitronensaft
15 g Kakaopulver

1. TEIL DER FÜLLUNG:
100 g Erdmandelmehl
200 g Cashewkerne, die zuvor mind. 4 Std. in Wasser eingeweicht wurden
100 ml Limettensaft
100 ml Agavensirup
100 ml Kokosöl
1½ Zitronen, Schalenabrieb
1½ EL Lecithin
200 g Kokoscreme

2. TEIL DER FÜLLUNG:
175 g Trockenpflaumen
100 g Walnüsse
250 g Pflaumen, entkernt, leicht gedörrt

BODEN: Alle Zutaten für eine Minute auf höchster Stufe in der Küchenmaschine mixen. Die Mischung in eine Kuchenform füllen und zu einem glatten Boden festdrücken.

1. TEIL DER FÜLLUNG: Erdmandeln, Cashewkerne, Kokosöl und Lecithin in der Küchenmaschine zu einer gleichmäßigen Masse verarbeiten. Den Rest der Zutaten hinzufügen und alles für eine weitere Minute mixen.

2. TEIL DER FÜLLUNG: Alle Zutaten werden grob gehackt und anschließend mit dem ersten Teil der Füllung vermengt. Die Masse auf den Kuchenboden verteilen und für 4 Stunden kalt stellen.

PROFITIPP:

« **Um eine besonders cremige Textur zu bekommen, weicht man die Cashewkerne so lange wie möglich ein.**
Monica Jiménez, Küchenchefin

WEINEMPFEHLUNG:

HEAVEN ON EARTH – STELLAR
STELLAR WINERY, KLAWER
WESTERN CAPE/SÜDAFRIKA
Den Himmel auf Erden verspricht dieser zauberhafte Süßwein aus getrockneten Muskattrauben.
www.stellarorganics.com

SCHWIERIGKEITSGRAD: LEICHT | **ZUBEREITUNGSZEIT:** 20 MINUTEN

HENDRIK OTTO ZEIGT IM **LORENZ ADLON ESSZIMMER** KÜCHE AUF HÖCHSTEM NIVEAU UND SORGT DURCH SEINE EINDRUCKSVOLLE INTERPRETATION SPANNENDER KLASSIKER FÜR GROSSES KINO.

DER AROMEN ÄSTHET

Wie ein Feuerwerk hat Hendrik Otto innerhalb kürzester Zeit den Berliner Gourmethimmel erhellt. Der sympathische Spitzenkoch, der erst im April 2010 das „Lorenz Adlon Esszimmer" übernommen hat, erhielt bereits sechs Monate später seinen ersten Michelin-Stern in der neuen Wirkungsstätte. Der Hammer dann 2012: Die roteste aller Gourmetbibeln verlieh dem Restaurant am Brandenburger Tor den heiß begehrten zweiten Stern. Hendrik Otto kreiert moderne europäisch inspirierte Küche auf höchstem Niveau. Sein primäres Ziel lautet, Emotionen zu wecken und dabei alle Sinne der Gäste anzusprechen. Das gelingt ihm in nahezu perfekter Art und Weise: Filigran und elegant, zugleich aber sehr originell und aromendicht präsentieren sich die Teller im wahrscheinlich elegantesten Restaurant der Bundeshauptstadt.

DINIEREN UNTER ZWEI **STERNEN**

Bereits bei der Eröffnung im Jahr 1907 setzte Lorenz Adlons Hotel neben architektonischen Details auch als Feinschmeckeradresse neue Standards. Einige der Gerichte von damals findet man auch heute noch auf der Speisekarte. Das „Seezungenfilet Adlon" etwa oder die berühmte „Canard à la presse". Was aber nicht bedeutet, dass das „Lorenz Adlon Esszimmer" in alten Zeiten hängen geblieben ist. Küchenchef Hendrik Otto und Maître Boris Häbel versuchen vielmehr, Tradition und Moderne zu verbinden. Glitzerndes Kristall, schimmerndes Silber, wunderschöne Blumen-Arrangements und ein unübertroffener Service: Kulinarische Höhenflüge sowie Weine der Extraklasse in Verbindung mit dem einzigartigen Blick auf das Brandenburger Tor lassen hier jedes Gourmetherz höherschlagen.

Lorenz Adlon Esszimmer
Unter den Linden 77
D-10117 Berlin
Tel.: +49 (0) 30/22 61 19 60
E-Mail: lorenz.adlon@kempinski.com
www.lorenzadlon-esszimmer.de

FRANKE

THUNFISCH / GELIERTER PILZSAFT

Bratkartoffel, Pumpernickel, Grapefruit und Ingwer

FÜR 4 PERSONEN:

THUNFISCH:
150 g Thunfisch, Olivenöl
Limone, Salz, Pfeffer

BRATKARTOFFELMOUSSE:
300 g Kartoffeln, 100 g Zwiebeln
500 ml Geflügelfond
400 ml Bratkartoffelfond
200 ml Sahne, 6 Bl. Gelatine

GRAPEFRUITGEL:
100 ml Grapefruitsaft
20 g Blutorangenpüree
1,2 g Agar-Agar

PILZSPAGHETTI:
500 g Kräuterseitlinge
500 g Champignons
500 g Austernpilze
500 g Egerlinge, Pilzfond
250 g Pfifferlinge, Kräuterfond
30 g Morcheln, getrocknet
50 g Salz, Gelificant

VANILLE-INGWERGEL:
Vanille-Ingwerfond, 1 Vanilleschote
50 g Ingwer, 1 Limone
250 ml Wasser
15 g Zucker, 1,1 g Agar-Agar

KRÄUTERDROPS:
200 g Petersilie
200 g Kerbel, 100 g Dill
100 g Basilikum, 100 g Estragon
50 g Koriander, 1 Limone
200 ml Geflügelfond, Xantana
Meersalz, Pfeffer

THUNFISCH: Den Thunfisch in 4 Scheiben schneiden. Mit Olivenöl und Limone marinieren und mit Salz und Pfeffer würzen.

BRATKARTOFFELMOUSSE: Die Kartoffeln anbraten. Zwiebeln dünsten, Kartoffeln zugeben und mit Geflügelfond weich kochen. Mixen und passieren. Gelatine im Bratkartoffelfond auflösen und die Sahne unterheben.

GRAPEFRUITGEL: Die Zutaten zusammen gut aufkochen und auskühlen lassen. Dann mixen, passieren und eventuell mit etwas Xantana nachdicken.

PILZSPAGHETTI: Die Pilze schneiden und einsalzen. Anschließend vakuumieren und 24 Stunden ruhen lassen. Die Pilzmasse passieren und gut ausdrücken. Den Pilzfond mit ausreichend Kräuterfond verdünnen. Diese Mischung mit Gelificant abbinden (60 Gramm Gelificant/Liter Flüssigkeit). Die heiße Flüssigkeit in einer Spritze aufziehen, im Eiswasser abschrecken und aus der Spritze drücken.

VANILLE-INGWERGEL: Wasser, Limonensaft und Zucker aufkochen. Den geschälten Ingwer, die ausgekratzte Vanilleschote sowie das Innere der Schote 30 Minuten ziehen lassen. Den Fond durch ein Küchensieb passieren und mit 1,1 Gramm Agar-Agar pro 100 Milliliter Flüssigkeit binden. 2 Stunden auskühlen lassen und im Thermomix mixen.

KRÄUTERDROPS: Alle Kräuter grob zerkleinern, in den Thermomix geben und mit Geflügelfond auffüllen. Mit Salz, Pfeffer und Limonenschale abschmecken. Mit Xantana binden und durch ein Mikrosieb passieren. Das Kräutergel in Dropform auf ein Blech spritzen. Durch die Hälfte der Drops einen Faden ziehen und 3 Stunden einfrieren.

PROFITIPP:

« **Die Bratkartoffelmousse einfrieren und pacossieren. Den Kräuterfond auf keinen Fall salzen.**
Hendrik Otto, Küchenchef

WEINEMPFEHLUNG:

2011 SAUVIGNON BLANC
QUALITÄTSWEIN, TROCKEN
BERNHARD OTT
WAGRAM/NIEDERÖSTERREICH
Frischer, knackiger Weißwein mit Aromen von Stachelbeeren und einer feinen würzigen Note.
www.ott.at

SCHWIERIGKEITSGRAD: SCHWER | **ZUBEREITUNGSZEIT:** 24 STUNDEN

GESCHMORTES RIPPENSTÜCK

vom Nebraska-Rind, Schalotten, Mandel

FÜR 4 PERSONEN:

RIPPENSTÜCK:
600 g Rippenstück, vom Nebraska-Rind
Salz, Pfeffer

SELLERIEPÜREE:
500 g Knollensellerie, geschält
200 ml Sahne
Meersalz, Pfeffer, weiß

KRÄUTERSTEINE:
100 g Pankomehl
125 g Malto
60 ml Olivenöl
10 Petersilienstängel
6 Basilikumstängel
je 3 Stängel von Kerbel, Koriander, Majoran und Rosmarin
6 Thymianstängel

WURZELGEMÜSE:
10 Schalotten, 2 Karotten
1 Knollensellerie
1 Stk. Lauch, Salz
Geflügelfond, Butter, Öl, Pfeffer

MANDELGEL:
200 g Mandeln, gehobelt
650 ml Milch 3,5 %
Meersalz, Pfeffer, weiß
1 Chilischote
Mandelsirup (z. B. Monin)
1g Xanthan

RIPPENSTÜCK: Das Rippenstück ohne Knochen anbraten, würzen, vakuumieren und im Wasserbad bei 70 °C 12 Stunden garen. Dann portionieren, nachwürzen und warm stellen.

SELLERIEPÜREE: Knollensellerie mit der flüssigen Schlagsahne kalt ansetzen. Unter Rühren zum Kochen bringen, Meersalz und Pfeffer hinzugeben. Einmal aufkochen, danach ca. 20 Minuten leise köcheln lassen. Die Sahne abgießen und unter Rühren einreduzieren. Den Sellerie im Thermomix pürieren und Sahne zugeben. Durch ein Mikrosieb passieren.

KRÄUTERSTEINE: Zunächst die Kräuter und das Pankomehl, dann das Malto im Thermomix mixen und jeweils 30 Milliliter Olivenöl dazugeben. Kräuterpanko und Malto in eine Schüssel geben und kurz ruhen lassen. Die Mischung in eine Pfanne bröseln und den Kräutersteinen 2 Minuten Hitze geben, dann den Herd kurz auf die höchste Stufe stellen. Die Steine nun auf ein Sieb geben und rund schürfen. Zuletzt die Steine auf einem vorbereiteten Blech bei 70 °C Heißluft für 2 Stunden in den Ofen geben.

WURZELGEMÜSE: Die Schalotten auf Salz 40 Minuten bei 180 °C im Ofen garen, dann aus der Schale drücken und goldgelb braten. Karotten und Sellerie schälen, in etwas Geflügelfond langsam garen. Lauch schneiden und in Butter und Sonnenblumenöl langsam braten. Mit Salz und Pfeffer würzen.

MANDELGEL: Mandeln zusammen mit Meersalz, Pfeffer und Chili in der Milch sehr weich kochen. 250 Milliliter der Milch abgießen und die Mandeln im Thermomix sehr fein pürieren. Mit Mandelsirup abschmecken, Xanthan je nach Konsistenz beigeben. Das fertige Gel durch ein Mikrosieb passieren.

PROFITIPP:

« Das Gemüse gelingt am besten, wenn man es sous-vide gart.
Hendrik Otto, Küchenchef

WEINEMPFEHLUNG:

2004 CHIANTI CLASSICO D.O.C.G.
CASTELLO DI AMA
TOSKANA/ITALIEN
Klassischer Sangiovese, der burgundisch ausgebaut ist. Reife Kirsche in Kombination mit Bitterschokolade, wobei die Tannine aufgrund des Jahrgangs schon weich eingebunden sind.
www.castellodiama.com

SCHWIERIGKEITSGRAD: MITTEL | **ZUBEREITUNGSZEIT:** 13 STUNDEN

MANDARINE / SORBET

Fichten-Mayonnaise, Ayran & Ginger Ale

FÜR 4 PERSONEN:

MANDARINENSORBET:
500 g Mandarinenpüree
75 g Glucose, 75 g Zucker
200 ml Wasser
50 ml Cointreau

GINGER-ALE-LUFT:
50 ml Gin
200 ml Ginger Ale, Zitronensaft, 20 g ProEspuma, kalt

AYRAN-GEL:
500 g Ayran, 7 g Agar-Agar
200 g Joghurt

QUARK-ESPUMA:
65 ml Sahne, 30 g Zucker
100 ml Milch, 175 g Quark

FICHTEN-MAYONNAISE:
1 Eigelb, Orangensaft
1 EL Zucker, Salz
100 ml Fichten-Öl
50 ml Fenchel-Öl

HAFERFLOCKEN-KNUSPER:
60 g Butter, 60 g Zucker
80 g Haferflocken, 5 g Mehl
½ TL Backpulver, Salz
Zitronenabrieb

EINGELEGTE MANDARINEN:
2 Mandarinen, 250 g Zucker
400 ml Wasser
50 ml Cointreau, 50 ml Pernod
Zimt, Vanille, Sternanis
Pfeffer, weiß

MANDARINENSORBET: Die Zutaten aufkochen, in einen Pacojet-Becher füllen und einfrieren.

GINGER-ALE-LUFT: Alles mixen und in eine Espuma-Flasche füllen. 3 Sahnekapseln daraufschrauben und gut schütteln. Einen gefrorenen Einsatz sprühen und einfrieren.

AYRAN-GEL: Ayran mit dem Agar-Agar aufkochen und aushärten lassen. Im Anschluss mit dem Joghurt aufmixen.

QUARK-ESPUMA: Alles vermengen, dann in Espuma-Flaschen füllen und 2 Sahnekartuschen einschrauben.

FICHTEN-MAYONNAISE: Alle Zutaten bei Zimmertemperatur verrühren. Nach und nach das Öl dazumixen.

HAFERFLOCKEN-KNUSPER: Alles verkneten und locker auf einem Backblech mit Backpapier auftragen. Bei 200 °C ca. 10 Minuten backen.

EINGELEGTE MANDARINEN: Aus Zucker, Wasser, Alkohol und den Gewürzen einen Sud kochen. Die Mandarinen schälen und kurz ins warme Wasser legen. Mit einem kleinen Messer die weiße Haut entfernen und mindestens einen Tag im Sud einlegen.

ANRICHTEN: Zunächst Mandarine und Sorbet platzieren. Auf das Sorbet den Quark-Espuma geben. Daneben Ayran-Gel und Fichten-Mayonnaise anrichten. Zuletzt gefrorene Ginger-Ale-Luft platzieren.

PROFITIPP:
« **Damit der Quark-Schaum perfekt wird, den Espuma immer richtig aufschütteln.**
Hendrik Otto, Küchenchef

WEINEMPFEHLUNG:

2008 VENDIMIA TARDÍA COLECCION 125
JULIAN CHIVITE
NAVARRA/SPANIEN
Konzentrierter Süßwein, der exotische Früchte im Glas präsentiert und eine feine Säure in Harmonie mit Honigaromen zum Finale geleitet.
www.chivite.com

SCHWIERIGKEITSGRAD: MITTEL | **ZUBEREITUNGSZEIT:** 24 STUNDEN

SEIT MEHR ALS EINEM VIERTELJAHRHUNDERT IM BUSINESS UND NOCH KEIN BISSCHEN LEISE: „ANDEL'S"-KÜCHENDIREKTOR **OLIVER BARDA** ROCKT IM FINE DINING **RESTAURANT A.CHOICE** DIE GAUMEN.

DELIKATER GOLD ESEL

Oliver Barda ist ein weit gereister Mann. Beruflich wie privat. Seit mehr als 25 Jahren zeigt der Küchenrocker jetzt bereits in den verschiedensten internationalen Küchen, wo der kulinarische Hammer hängt. Cruist der „andel's Hotel Berlin"-Küchendirektor an freien Tagen am liebsten mit seiner Harley durch die Gegend, so nimmt er auch seine Gäste im Designhotel an der Landsberger Allee mit auf eine spannende kulinarische Reise. Neu, leicht und auch etwas verrückt. So bezeichnet Barda selbst seinen Küchenstil, den er vor allem auch im Fine Dining „Restaurant a.choice" umsetzt. Die moderne Interpretation klassisch französischer Gourmetküche steht im Mittelpunkt Bardas kulinarischer Kreationen. Mit größtem Fingerspitzengefühl kombiniert er dabei frische und saisonale Produkte aus ökologischem Anbau mit regionalen und mediterranen Einflüssen.

Oliver
Executive Chef

DESIGN DINING MIT BISS

Direkt beim S-Bahnhof Landsberger Allee hat sich das ausgesprochen schicke Design-Hotel „andel's" samt Fine Dining „Restaurant a.choice" niedergelassen. Angenehme schwarze und grüne Farben leuchten einem gleich beim Betreten der stylischen Lokalität im ersten Stock entgegen, während die hohen Fenster den Blick auf den schönen Innenhof freigeben. In der Küche verstärken Küchenchef Alexander Koppe und Restaurantleiterin Barbara Merll das kulinarische Team um Küchendirektor Oliver Barda. Neben den spannenden Kreationen der perfekt eingespielten Küchenmannschaft stellt die begehbare Vinothek ein weiteres Highlight dar. Hier lagert nämlich ein vielfältiges Weinsortiment. Zudem kann dieses charmante Séparée auch für ein exklusives Candle-Light-Dinner reserviert werden.

Restaurant a.choice
Landsberger Allee 106
D-10369 Berlin
Tel.: +49 (0) 30/45 30 53 2621
E-Mail: a.choice@andelsberlin.com
www.andelsberlin.com

CARABINEROS

auf leicht gelierter Gazpacho, Ibérico-Chorizo, Avocado

FÜR 4 PERSONEN:

CARABINEROS:
8 Stk. Carabineros, Estragon
Olivenöl, Fleur de Sel

GELIERTE GAZPACHO:
2 Gurken, grün, 2 Paprika, rot, 600 g Tomaten, geschält
2 Schalotten
2 Knoblauchzehen, 2 EL Rotweinessig, 1 TL Fenchelsaat
1 Bd. Basilikum, 6 EL Olivenöl
Salz, Pfeffer, Zucker
8 g Gellan
100 g Ibérico-Chorizo

GEGRILLTE AVOCADO:
1 Avocado, 7 EL Balsamico Bianco, 50 g Basilikum
10 g Zitronen-Thymian
100 ml Olivenöl, Salz
Pfeffer, Chili, Knoblauch

CHORIZO-ZITRUSFRUCHT-EMULSION:
550 g Chorizo, 50 g Champignons, 1 Schalotte
1 Knoblauchzehe
40 ml Weißwein, 100 ml Geflügelfond, 500 ml Passionsfruchtsaft, 100 ml Sahne
20 ml Olivenöl, Salz, Pfeffer
Piment d'Espelette

WEISSER ESTRAGONSCHAUM:
1 Bd. Estragon, 50 ml Milch
50 ml Sahne, Salz
Pfeffer, weiß

CARABINEROS: Carabineros in Olivenöl mit Estragon braten und mit Fleur de Sel leicht würzen.

GELIERTE GAZPACHO: Alle Gemüsezutaten in kleine Würfel schneiden, mit den restlichen Zutaten außer dem Gellan mischen, im Blender mixen und dann durch das feine Sieb passieren. Etwas von der Gazpacho abnehmen und mit dem Gellan zusammen kurz aufkochen. Abfüllen und abkühlen lassen.

GEGRILLTE AVOCADO: Avocado in kleine Ecken schneiden und in der Grillpfanne kurz grillieren. Aus Balsamico, Basilikum, Zitronen-Thymian, Salz, Pfeffer, Chili, Olivenöl und Knoblauch eine Marinade erstellen. Die Avocado-Stücke darin einlegen.

CHORIZO-ZITRUSFRUCHT-EMULSION: Chorizo, Champignons, Schalotte und Knoblauch in feine Würfel schneiden, anbraten, mit den Flüssigkeiten ablöschen und leicht köcheln lassen. Dann mixen, passieren und Olivenöl untermontieren. Würzen.

WEISSER ESTRAGONSCHAUM: Milch und Sahne erhitzen und den Estragon im Fond ausziehen lassen – nicht mixen. Salzen und pfeffern.

PROFITIPP:

« **Die Carabineros am Rücken einschneiden, den Darm entfernen und dann in der Schale braten. Dadurch entsteht ein saftiger Geschmack!**
Oliver Barda, Küchendirektor

WEINEMPFEHLUNG:

2011 CHARDONNAY
ALTE REBEN, TROCKEN
PETGEN DAHM
MOSEL
Typisch ist der Duft von Melonen, exotischen Früchten, sehr reifen Stachelbeeren oder knackigen Äpfeln. Sehr extraktreich, stoffig und nachhaltig.
www.petgen-dahm.de

SCHWIERIGKEITSGRAD: LEICHT | **ZUBEREITUNGSZEIT:** 35 MINUTEN

RUPPINER LAMMRÜCKEN
mit Kräutern geräuchert

FÜR 4 PERSONEN:

LAMMRÜCKEN:
1 Ruppiner Lammrücken
Thymian, Rosmarin, Majoran
Oregano, Petersilie
Bärlauch, Knoblauch

LAMMJUS:
350 ml Lammjus, 80 g Olivensenf

WEINBERGSCHNECKEN:
12 Stk. Weinbergschnecken
120 g Wildkräuter
80 ml Sahne, 30 g Butter
100 ml Kalbsfond, Salz, Pfeffer

ARTISCHOCKEN-SUGO:
4 Artischocken
50 g Staudensellerie
50 g Zucchini, 50 g Paprika, rot
50 g Paprika, gelb
50 g Schalotten
1 EL Tomatenmark
100 ml Rotwein, 1 Lorbeerblatt
Piment, Pfeffer, Salz, Olivenöl

KANDIERTE SCHWARZE OLIVEN:
80 g Oliven, schwarz
120 g Zucker, braun
80 ml Geflügelfond
1 Rosmarinzweig
1 EL Waldhonig

BRIKTEIGKARTOFFELN:
500 g Kartoffeln
4 Bl. Brikteig, Kerbel
2 Eigelb, 1 EL Sahne
Salz, Pfeffer, Muskat

LAMMRÜCKEN: Lammrücken vom Knochen lösen, dabei von unten arbeiten, damit das Rückenfleisch am Rückenfett dranbleibt. Nach dem Lösen vom Rückenknochen den Lammrücken wieder rund zusammenbinden und mit Kräutern von allen Seiten in der Pfanne anbraten. Im Ofen bei 82 °C rosa garen. In einem Topf Räucherspäne anbrennen, alle Sorten Kräuter zugeben und mit dem Brenner leicht anzünden. Im geschlossenen Topf 5 bis 8 Minuten räuchern lassen.

LAMMJUS: Den Lammjus mit Olivensenf abschmecken.

WEINBERGSCHNECKEN: Kräuter, Sahne und Butter in den Pacojet-Becher geben, pacossieren und mit Kalbsfond aufkochen sowie passieren. Salzen und pfeffern. Die Schnecken einlegen und langsam erhitzen.

ARTISCHOCKEN-SUGO: Die Artischocken putzen und wie das andere Gemüse bis auf die Zucchini in 0,5 Zentimeter kleine Würfel schneiden. Artischocken in Olivenöl anbraten, das restliche Gemüse zugeben, leicht anschwitzen, Tomatenmark zugeben, leicht abrösten und mit Rotwein ablöschen. Gewürze zugeben und 5 bis 10 Minuten weitergaren lassen. Zucchini in dünne, lange Scheiben schneiden, kurz blanchieren und später das fertige Artischocken-Sugo leicht darin eindrehen.

KANDIERTE SCHWARZE OLIVEN: Alle Zutaten bis auf die Oliven in einen Topf geben und köcheln lassen, Oliven zugeben und 2 bis 3 Stunden leicht köcheln lassen. Oliven herausnehmen und leicht trocknen lassen.

BRIKTEIGKARTOFFELN: Kartoffeln in Salzwasser kochen, pellen, passieren, mit Gewürzen abschmecken. Gehackten Kerbel unterziehen und als Röllchen im Brikteigblatt einrollen. Eigelb mit der Sahne mischen und die Stangen damit bestreichen. Bei 175 °C in der Fritteuse knusprig ausbacken.

PROFITIPP:
« Den Lammrücken 1 bis 2 Tage vorher schon in Kräuter-Olivenöl einlegen!
Oliver Barda, Küchendirektor

WEINEMPFEHLUNG:

2010 SPÄTBURGUNDER-BARRIQUE, TROCKEN
PETGEN DAHM
MOSEL
Duft nach Waldfrüchten, Cassis und Brombeere. Komplexes, nachhaltiges Aroma, kraftvoller und ausgewogener Wein. Gut eingebundene Röst- und Vanillearomen.
www.petgen-dahm.de

SCHWIERIGKEITSGRAD: SCHWIERIG | **ZUBEREITUNGSZEIT:** 40 MINUTEN

TÖRTCHEN

von Schokolade & Cola, Süßmais-Sorbet, marinierte Kirschen

FÜR 4 PERSONEN:

MAIS-EIS:
220 g Zucker
350 g Maiskörner
50 g Glucose
10 g Invertzucker
100 ml Sahne
390 ml Wasser
10 g Trimoline

TÖRTCHEN-CRÈME-BRULÉE-MASSE:
375 ml Sahne, 80 ml Milch
75 g Zucker
½ Stg. Tahiti-Vanille
3 Eigelb, 1 Eiweiß
100 g Felchlin-Schokolade
Cola-Aroma von Sosa

TÖRTCHEN-TEIG:
150 g Mehl, 100 g Butter
50 g Zucker, 1 Eigelb

KIRSCHEN:
100 g Zucker
400 g Kirschen
100 ml Rotwein
50 ml Marsala

KIRSCHSCHAUM:
80 ml Kirsch-Rotweinsaft
30 ml Kefir

SCHOKOBLÄTTER:
125 g Zucker, 60 ml Wasser
20 g Kakaopulver
3 g Kaffeepulver
10 g Glucose, 3 g Pektin
15 g Butter

MAIS-EIS: Alle Zutaten in den Pacojet-Becher geben und gefrieren, pacossieren.

TÖRTCHEN-CRÈME-BRULÉE-MASSE: Sahne, Zucker, Milch und Vanille zusammen aufkochen. Leicht abkühlen lassen und die vermengten Eier langsam zugeben. Die Schokolade im Wasserbad flüssig machen und zugeben. Mit dem Cola-Aroma von Sosa abschmecken.

TÖRTCHEN-TEIG: Alle Zutaten zu einem Teig verarbeiten. In einen kleinen Ring drücken und blind backen. Nach dem Backen kurz abkühlen lassen und die Crème-brulée-Masse in den Ring gießen. Auf dem fertigen Teig bei 120 °C im Ofen backen.

KIRSCHEN: Aus dem Zucker ein Karamell herstellen und mit dem Rotwein ablöschen. Marsala zugeben und einkochen. Geputzte, entsteinte Kirschen mit Stiel in den heißen Fond geben und ziehen lassen.

KIRSCHSCHAUM: Den Kirschsaft und Kefir mit dem Mixstab aufschäumen.

SCHOKOBLÄTTER: Alle Zutaten außer der Butter zusammen aufsetzen und leicht köcheln lassen. Butter untermixen und die Masse 24 Stunden ruhen lassen. Dünn auf Silikonmatte aufstreichen und im Ofen bei 200 °C kurz backen.

PROFITIPP:
« **Als tolle Alternative zu Cola harmoniert auch Lakritze perfekt.**
Oliver Barda, Küchendirektor

WEINEMPFEHLUNG:

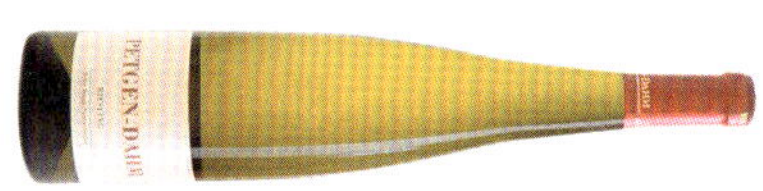

2010 AYLER KUPP RIESLING HALBTROCKEN SAARSCHIEFER
PETGEN DAHM
MOSEL
Intensives Bukett mit Aromen von Zitrus- und Südfrüchten, untermalt von einer anregenden Mineralität. Am Gaumen zeigt er sich lebendig und frisch mit einem herrlichen Nachhall.
www.petgen-dahm.de

SCHWIERIGKEITSGRAD: LEICHT | **ZUBEREITUNGSZEIT:** 25 MINUTEN

SCHNÖRKELLOS, EHRLICH UND AUF DEN PUNKT GEBRACHT: **ROBERT LASAROW** KOCHT IM **RESTAURANT BRENNER** SO, WIE ER IST. EIN ECHTER BERLINER MIT FRECHER SCHNAUZE UND VERSTECKTEN QUALITÄTEN.

ECHTES BERLINER ORIGINAL

Es gibt sie noch, die richtigen Kerle hinter den Kochtöpfen. Robert Lasarow gehört definitiv zu jener Spezies. Cool wie ein Stuhl, nur wenn es um die letzten Feinheiten bei seinen außergewöhnlichen Kreationen geht, treibt es ihm kleine Schweißperlen auf die Stirn. Denn jeder Gang soll perfekt sein. Mutig stimmt der gebürtige Berliner die Aromen ab, experimentiert frech mit den verschiedensten Zutaten und überzeugt letztendlich durch ein grandioses Erlebnis am Gaumen. Spannende Gerichte wie „Steinbutt mit Spinatkruste, Teltower Kugeln und Quinoa“ oder „Entenstopfleber, Brioche und Mango“ zeigen, in welcher Gangart der große Motorradfan auf den blank geputzten Tellern Gas gibt. Lasarow versteht es, eine anspruchsvolle Küche zu kochen, die nicht versucht, durch Effekthascherei zu überzeugen, sondern rein durch grandiosen Geschmack.

GRENZ GENIALER **BRENNPUNKT**

Kaum betritt man das einzigartige Ambiente des „Restaurants Brenner“ an der Regensburger Straße 7 in Schöneberg, lacht einem auch schon Hausherr und Maître Anton Stefanov entgegen. Ein Sonnenschein durch und durch. Geht es nach den größten Kritikern der Hauptstadt, zählt das Service-Programm des Maître mit zu den besten, die man in der Spree-Metropole finden kann. Der Mann ist zudem ein wandelndes Weinlexikon, hegt und pflegt den imposanten Weinkeller des charmanten Restaurants mit größter Liebe wie Sorgfalt. Aber warum eigentlich „Brenner“? Der Name geht auf den legendären Grenzpass in den Ostalpen zwischen dem österreichischen Bundesland Tirol und der zu Italien gehörenden Autonomen Provinz Bozen – Südtirol zurück. Der Küchenstil spiegelt diese Regionen herrlich wider.

Restaurant Brenner
Regensburger Straße 7
D-10777 Berlin
Tel.: +49 (0) 30/23 62 44 70
E-Mail: restaurant-brenner@email.de
www.restaurant-brenner.de

BRETONISCHER HUMMER
mit Cœur de bœuf & Gurkensorbet

FÜR 4 PERSONEN:

HUMMER:
2 Hummer, lebend,
850 g pro Tier

COEUR-DE-BOEUF-GELEE:
1 kg Coeur de boeuf
10 ml Portwein, hell
3 Bl. Gelatine
Salz, Zucker

GURKENSORBET:
2 Gartengurken
20 ml Balsamico, hell
10 g Salz, Zucker
2 Dillzweige
3 TL Limettensaft
5 g Wasabipaste
100 g Glucose

VINAIGRETTE:
1 Limette, Saft
50 ml Traubenkernöl
10 g Ingwer, gehackt
4 Bl. Koriander
Salz, Pfeffer, Zucker

HUMMER: Den Hummer mit dem Kopf zuerst in einen großen Topf mit stark kochendem Wasser geben und 7 Minuten garen. Aus dem Topf nehmen, abschrecken und Schwanz und Scheren ausbrechen. Die Scheren mit Vinaigrette marinieren und den Schwanz in einer heißen Grillpfanne 15 Sekunden grillen.

COEUR-DE-BOEUF-GELEE: Gelatine in kaltem Wasser einweichen. Tomaten in 1 x 1 Zentimeter große Würfel schneiden, leicht mit Salz und Zucker bestreuen und in ein Passiertuch legen. Über Nacht aussaften lassen. Am nächsten Tag noch vorsichtig die Tomaten im Passiertuch eindrehen und den Rest der Flüssigkeit durch leichtes Drücken herausholen. Erfahrungsgemäß lässt ein Kilo Tomaten 300 Milliliter Saft. Einen kleinen Teil des Saftes erhitzen, vom Herd nehmen und darin die Gelatine auflösen. Dem anderen Teil den Portwein zugeben. Die aufgelöste Gelatine zum Rest des Saftes geben. Ein flaches Behältnis mit Folie auskleiden, den Saft eingießen und im Kühlschrank fest werden lassen. In gewünschter Form ausstechen.

GURKENSORBET: Die Gurken mit dem Dill pürieren und in einem engmaschigen Sieb über einer Schüssel austropfen lassen. Einen kleinen Teil des Saftes erhitzen und darin die Glucose auflösen. Dem anderen Teil die restlichen Zutaten und die Glucose zufügen und gut verrühren. Mit Salz und Zucker abschmecken und in ein Metallgefäß geben. Das Gefäß in den Tiefkühlschrank stellen und alle 30 Minuten mit einem Schneebesen glatt rühren.

VINAIGRETTE: Die Limette auspressen und den Saft in eine Schüssel geben. Dem Limettensaft unter schnellem Rühren tröpfchenweise das Öl zufügen. Mit Salz, Pfeffer und Zucker abschmecken. Den Ingwer fein hacken, den Koriander in feine Streifen schneiden und zugeben.

PROFITIPP:

« Wenn Sie die entsafteten Tomaten pürieren und passieren, können Sie diese zu einer leckeren Sauce weiterverarbeiten.

Robert Lasarow, Küchenchef

WEINEMPFEHLUNG:

2009 WINZERSEKT
PINOT ROSÉ
WEINGUT GEBRÜDER LUDWIG
MOSEL
Die Frühburgunder Traube präsentiert sich im Glas mit Johannisbeeren, Anflügen von Hagebutte und getrockneten Kräutern. Sehr saftig, fruchtbetont und gleichzeitig erfrischend.
www.gebruederludwig.de

SCHWIERIGKEITSGRAD: MITTEL | **ZUBEREITUNGSZEIT:** 1 STUNDE

DREIERLEI VOM SALZWIESENLAMM

mit Pastinaken und Schalotten

FÜR 4 PERSONEN:

KRÄUTERKRUSTE FÜR DIE LAMMKRONE:
50 g Butter
50 g Mie de pain
40 g Kartoffeln
½ Knoblauchzehe
1 Rosmarinzweig
2 Thymianzweige
½ TL Limettensaft
1 Msp. Cayennepfeffer
1 Eigelb, Salz

LAMMSCHULTER:
600 g Lammschulter
150 g Knollensellerie
100 g Karotten
30 g Tomatenmark
700 ml Rotwein
15 g Speisestärke
1 l Gemüsefond
Knoblauch
Salz, Butter
Pflanzenöl

LAMMBRIES:
200 g Lammbries
30 g Mehl
Wasser
Butter
Salz, Pfeffer
Öl

LAMMKRONE:
500 g Lammkrone
Pflanzenöl
Salz, Pfeffer

KRÄUTERKRUSTE: Butter bei Zimmertemperatur mit Salz, Cayennepfeffer und Limettensaft aufschlagen, bis sich das Volumen verdoppelt hat. Mie de pain hinzugeben. Kartoffeln in 3 x 3 mm große Würfel schneiden, blanchieren, abschrecken und der Masse beifügen. Rosmarin und Thymian fein hacken, Knoblauch mit etwas Salz zur Paste verarbeiten und der Butter beigeben. Eigelb zugeben und alles gut vermengen.

LAMMSCHULTER: Wurzelgemüse in walnussgroße Stücke schneiden, Knoblauch andrücken. Lammschulter salzen und in einem Bräter in Öl rundum scharf anbraten. Fleisch herausnehmen und warm stellen. Wurzelgemüse in den Bräter geben und rösten. Knoblauch hinzugeben. Tomatenmark zufügen und mitrösten, nach und nach mit Rotwein ablöschen. Wenn der Rotwein reduziert ist, mit Gemüsefond aufgießen und das Fleisch wieder einlegen. Bräter zudecken und im Ofen bei 160 °C für 2 Stunden abgedeckt schmoren. Schulter aus dem Fond nehmen, Fond durch ein feines Haarsieb passieren, degraissieren, erneut aufstellen und auf die Hälfte reduzieren. Mit Speisestärke binden und mit kalter Butter montieren. Schulter portionieren und zum Anrichten in der Sauce erwärmen.

LAMMBRIES: Bries in kaltem Wasser wässern, herausnehmen, trocken tupfen und von Sehnen und Adern befreien. In gewünschte Größe zupfen, mit Salz und Pfeffer würzen und mehlieren. In einer Pfanne in Öl rundum goldgelb braten. Zum Schluss ein kleines Stück Butter für den Geschmack zugeben.

LAMMKRONE: Lammkrone parieren, Knochen von Haut und Sehnen befreien. Fleisch mit Salz und Pfeffer würzen und in einer Pfanne mit Öl scharf anbraten. Aus der Pfanne nehmen und auf einem Gitter im Ofen bei 160 °C für 8 Minuten garen. Aus dem Ofen nehmen, großzügig mit Kräuterkruste bedecken und unterm Salamander goldbraun gratinieren.

PROFITIPP:

« **Für ein saftiges Grün in der Kräuterkruste einfach einen Bund Blattpetersilie rein pürieren.**
Robert Lasarow, Küchenchef

WEINEMPFEHLUNG:

2007 CHÂTEAU HAUT-MILON
PAUILLAC/BORDEAUX
Tiefes, schönes purpurrot. Anflüge an Kirsche, Pflaume und Heidelbeere. Untermalt mit ein wenig Vanille und Zedernholz. Zarter Barrique-Einsatz, im Auftakt sehr fruchtbetont und elegant. Schöner Abgang, behaftet mit feinkörnigen und ausgereiften Taninen.
www.chevalquancard.com

SCHWIERIGKEITSGRAD: MITTEL | **ZUBEREITUNGSZEIT:** 3 STUNDEN

JOGHURT-BEEREN-TERRINE

mit Pistazieneis und Himbeer-Millefeuille

FÜR 4 PERSONEN:

PISTAZIENEIS:
100 ml Sahne, 100 ml Milch
40 g Zucker, 2 Eigelb
80 g Pistazienpaste
2 TL Kürbiskernöl
¼ Vanilleschote

JOGHURT-BEEREN-TERRINE:
300 g Bio-Joghurt
25 g Puderzucker
10 ml Himbeergeist
3 Bl. Gelatine
300 g Beeren, gemischt
50 g Zucker
100 ml La Malaga, Tenuta la Meridiana, Mosto Fermentato
3 Bl. Gelatine

HIMBEER-MILLEFEUILLE:
Blätterteig
30 g Butter
100 g Himbeeren
100 ml Milch
100 ml Sahne
3 Eigelb
40 g Zucker
1 TL Speisestärke
¼ Vanilleschote

PISTAZIENEIS: Milch, Sahne und Zucker in einen Topf geben. Vanillemark mit der ausgekratzten Schote dazugeben und einmal aufkochen lassen. Einen kleinen Teil der heißen Milch mit dem Eigelb verrühren und den Rest unter Rühren dazugeben. Die Masse in einer Schüssel über Wasserbad so lange schlagen, bis sie schaumig ist und das Eigelb leicht bindet. Masse abkühlen lassen. Der kalten Masse das Pistazienmark und das Kürbiskernöl zugeben und gut verrühren. Die Masse in eine Eiscrememaschine oder einen Pacojet-Behälter füllen.

JOGHURT-BEEREN-TERRINE: Gelatine einweichen. Joghurt auf Zimmertemperatur bringen. Himbeergeist im Topf erwärmen und Gelatine darin auflösen. Joghurt mit dem Puderzucker und der Gelatine glatt rühren. Gelatine einweichen. Zucker im Topf hell karamellisieren und mit La Malaga ablöschen. Reduzieren lassen und die Beeren hinzugeben. Sobald es wieder beginnt zu köcheln, vom Herd nehmen und Gelatine darin auflösen. Abkühlen lassen. Eine Terrinenform zu einem Viertel mit der Joghurtmasse befüllen und im Kühlschrank fest werden lassen. Dann mit einer Schicht der Beerenmasse befüllen und wieder erkalten lassen. Diesen Vorgang wiederholen, bis die Terrine vollkommen befüllt ist. Terrine bis zum Anrichten kühl stellen. Zum Stürzen die Terrinenform oder die Gläser kurz im warmen Wasser anwärmen.

HIMBEER-MILLEFEUILLE: Blätterteig rund ausstechen, mit Butter bestreichen und aufbacken. Horizontal in dünne Schichten schneiden. Sahne, Milch und Vanilleschote aufkochen. Eigelb, Zucker und Speisestärke glatt rühren. Einen Teil der heißen Milch dazugeben. Den Rest dazugeben und in einer Schüssel über Wasserbad zur Rose abziehen. Die Hälfte der Himbeeren dazugeben, pürieren und durch ein Sieb passieren. Beim Anrichten abwechselnd Blätterteig, Himbeercreme und frische Himbeerscheiben schichten.

PROFITIPP:
« Sollte Ihr Supermarkt kein Pistazienmark führen, können Sie aus frischen Pistazien und neutralem Öl selbst eines herstellen.
Robert Lasarow, Küchenchef

WEINEMPFEHLUNG:

LA MALAGA
TENUTA LA MERIDIANA
D'ASTI D.O.C./PIEMONT
Klares und glänzendes Granatrot; geschmeidig, mit eleganter und andauernder Perlage. Fruchtig, süß und aromatisch, mit angenehmen Hauch von Wildrosen, Orangenzesten und getrocknetem Salbei.
www.tenutalameridiana.com

SCHWIERIGKEITSGRAD: MITTEL | **ZUBEREITUNGSZEIT:** 2½ STUNDEN

ASIATISCH INSPIRIERTER KÜCHENREBELL: **TIM RAUE** GEHÖRT ZU DEN BESTEN KÖCHEN DEUTSCHLANDS UND BEGEISTERT IN SEINEM RESTAURANT MIT PURISTISCHER AROMENKÜCHE.

FRONTALER GESCHMACKS ANGRIFF

Dieser Mann kennt keinen Mittelweg. Ob im Privatleben, in der Küche oder auf dem Teller. Es muss ganz einfach knallen. Aber so, wie er sich als handfesten Typen inszeniert, so kocht er auch: Ohne Zugeständnisse verbindet er japanischen Perfektionismus mit chinesischer Philosophie, stellt die handverlesenen Produkte in den Mittelpunkt und attackiert diese frontal mit kräftigen Aromen. Ganz einfach ein Typ mit Ecken und Kanten. Das wirklich Erstaunliche an Tim Raues Küche ist jedoch die Tatsache, dass er einen eigenständigen Stil entwickelt hat, der nicht verkopft oder verdreht daherkommt, sondern der erschmeckt werden kann. Eine traumwandlerisch sichere Balance von süßen, sauren und scharfen Aromen. Zudem geht er auch nach dem chinesischen Grundsatz vor, nur Energie spendende Lebensmittel zu verwenden, die den Körper nicht belasten.

KOMPROMISSLOS SCHMECKT BESSER

Das „Restaurant Tim Raue“ ist eine eigene Welt. Asiatische Küche mit Schärfe zubereitet ohne technische Spielereien – das klingt nicht wirklich nach Sterne-Hokuspokus. Und doch hat der Guide Michelin den polarisierenden Küchenchef im Jahr 2012 mit zwei der begehrten kulinarischen Himmelskörper ausgezeichnet. Unweit vom Checkpoint Charlie ist das urbane Berlin-Kreuzberg die richtige Umgebung für das schlicht gehaltene „Restaurant Tim Raue“. Das Restaurant betreibt Raue zusammen mit seiner Frau Marie-Anne. Das Interieur verbindet perfekt den unkonventionellen Lebenslauf des Küchenchefs und den Charakter von Berlin-Kreuzberg mit dem edlen Ambiente der Spitzenküche. Allgegenwärtig ist Raues Logo, der Kolibri. Er steht für seine Philosophie von Kreativität, Einzigartigkeit und Freiheit.

Restaurant Tim Raue
Rudi-Dutschke-Straße 26
D-10969 Berlin
Tel.: +49 (0) 30/25 93 79 30
E-Mail: office@tim-raue.com
www.tim-raue.com

NO
WAY!

BLAUER HUMMER
Karotte & Passionsfrucht

FÜR 4 PERSONEN:

HUMMER:
2 Stk. Hummerschwänze

DASHI-ESSIG:
4 cl Dashi-Essig
Kaltsaftbinder

KAROTTENPÜREE:
200 g Karotten, geschält und in Stücke geschnitten
90 g Butter
10 ml Orangenöl

ANRICHTEN:
8 EL Butter, geklärt
20 Stk. Korianderstiele, à 1,5 cm
4 TL Passionsfruchtkerne
12 Ingwerscheiben, à 1 x 1 cm

HUMMER: Die Hummerschwänze von 600 Gramm schweren Tieren kochen und halbieren. Danach warm stellen.

DASHI-ESSIG: Den Dashi-Essig mit dem Kaltsaftbinder zu einer sirupartigen Konsistenz binden.

KAROTTENPÜREE: Alle Zutaten in einem Beutel vakuumieren. Im Wasserbad bei 85 °C für 4 Stunden garen. Im Anschluss 10 Minuten mixen, bis eine glatte Masse entsteht.

ANRICHTEN: Mit der geklärten Butter einen runden Spiegel auf dem Teller herstellen. Das Karottenpüree gleichmäßig in einem kleineren Kreis darauf verteilen. Die Hummerschwänze darauf drapieren, diese mit dem Dashi-Essig beträufeln und die Korianderstiele, Passionsfruchtkerne sowie Ingwerscheiben darüber verteilen.

PROFITIPP:
« Kochen Sie den Hummer à la minute. Wenn Sie ihn dann direkt servieren, hat er ein unglaubliches Aroma.
Tim Raue, Küchenchef

WEINEMPFEHLUNG:

ES IST WIE ES IST
HORST SAUER
ESCHERNDORF/FRANKEN
Er hat die Kraft eines Weißburgunders, der im Barrique ausgebaut wurde, die Süße und Säure eines Silvaner Eisweins und die Frische von einem Müller-Thurgau.
www.weingut-horst-sauer.de

SCHWIERIGKEITSGRAD: LEICHT | **ZUBEREITUNGSZEIT:** ¾ STUNDE

ZANDER
Yuzu & Kamebishi

FÜR 4 PERSONEN:

ZANDER:
4 Stk. Zanderfilets, à 120 g
4 EL Zitronenöl

YUZU:
2 Yuzus, frisch
1 EL Muscovadozucker, hell

PAK CHOI:
4 Stk. Shanghai-Pak-Choi
1 EL Tabasco, grün

ENTENSUD:
1 EL Kamebishi
(10 Jahre gereifte Sojasauce)
12 EL Entenessenz
3 EL Limettensaft
3 EL Muscovadozucker, hell

ZANDER: Die Filets mit dem Öl marinieren, auf Backpapier legen und im Anschluss im Bambusdämpfer oder auf einem Topf mit kochendem Wasser für 7 Minuten garen.

YUZU: Die Yuzus in feine Würfel schneiden, die Kerne entfernen. Mit dem Muscovadozucker in einem Topf aufkochen. In einen Vakuumbeutel füllen und im Wasserbad bei 85 °C für 2 Stunden garen. Mixen. Kalt servieren.

PAK CHOI: Pak Choi in Salzwasser kurz blanchieren. Mit einem Esslöffel grünem Tabasco marinieren.

ENTENSUD: Alle Zutaten in einen Topf geben und einmal aufkochen.

PROFITIPP:
« **Dämpfen Sie den Zander im Bambuskörbchen. Diese Hunderte Jahre alte Methode aus Asien ist schonender als moderne Geräte.**
Tim Raue, Küchenchef

WEINEMPFEHLUNG:

2000 GRAND CRU HENGST RIESLING
JOSMEYER
WINTZENHEIM/FRANKREICH
Ein schön gereifter, subtiler Riesling mit aristokratischer Länge. Überzeugt durch seine Aromen von weißen Früchten und eine mineralische Säure.
www.josmeyer.com

SCHWIERIGKEITSGRAD: LEICHT | **ZUBEREITUNGSZEIT:** 40 MINUTEN

DIAMOND LABEL BEEF

Beef Tea & Allium

FÜR 4 PERSONEN:

BEEF:
4 Stk. Roastbeefs, à 120 g
2 EL Fleur de Sel

BEEF TEA:
400 ml Rinderbrühe
400 g Rinderhack, 1 Eiweiß

MADAGASKARPFEFFER:
1 EL Madagaskarpfeffer
Mondamin Fix
2 EL Worcester-Sauce
2 EL Prik Nam Pla
(thailändische Fischsauce
mit Chili, passiert)

SCHNITTLAUCHBLÜTEN:
8 Schnittlauchblüten, blanchiert

PERLZWIEBELN:
12 Perlzwiebeln, 2 EL Reisessig
3 EL Taylor's Late
Bottled Vintage Port

OFENSCHALOTTEN:
4 Schalotten, 4 TL Ahornsirup

GERÖSTETE SCHALOTTE:
1 Schalotte, geschält, in feine
Scheiben gehobelt
3 EL Mehl, Muskat, Salz, Öl

KNOBLAUCHCREME:
50 g Knoblauch,
weich gekocht, Ahornsirup
60 ml Pflanzenöl, 1 TL Sesamöl
3 EL Schmand von minusL, Salz

BEEF: Das Fleur de Sel fein mörsern. Das Fleisch mit dem Fleur de Sel einreiben. Von beiden Seiten 3 Minuten braten, dann bei 80 °C für 10 Minuten warm stellen.

BEEF TEA: Das Eiweiß und das Rinderhack vermengen, mit der kalten Rinderbrühe verrühren. In einem Topf vorsichtig zum Kochen bringen, für 5 Minuten köcheln. Durch ein Teesieb passieren.

MADAGASKARPFEFFER: Alle Zutaten aufkochen, mit etwas Mondamin Fix abbinden.

SCHNITTLAUCHBLÜTEN: Die Schnittlauchblüten blanchieren.

PERLZWIEBELN: Alle Zutaten vakuumieren und im Wasserbad bei 85 °C für 2 Stunden garen. Kalt stellen, kalt servieren.

OFENSCHALOTTEN: Schalotten in Alufolie einpacken und im Ofen bei 180 °C für 45 Minuten garen. Danach schälen und mit dem Ahornsirup marinieren. Warm servieren.

GERÖSTETE SCHALOTTE: Die Schalottenscheiben mit dem Mehl bestäuben. Mit Muskat sowie Salz würzen und frittieren.

KNOBLAUCHCREME: Alle Zutaten mixen. Mit Ahornsirup und Salz abschmecken. Kalt servieren.

PROFITIPP:

« Wenn Sie den Beef Tea herstellen, kaufen Sie sich zum Passieren ein Sieb für den Aquariumbedarf. Es ist ungemein fein.
Tim Raue, Küchenchef

WEINEMPFEHLUNG:

UNICO 1996
VEGA-SICILIA
RIBERA DEL DUERO/SPANIEN
Besticht mit sattem Teer und der Süße von Kirschen. Trotz seiner Jugend hat dieser Jahrgang eine herbe Zugänglichkeit.
www.vega-sicilia.com

SCHWIERIGKEITSGRAD: SCHWER | **ZUBEREITUNGSZEIT:** ¾ STUNDE

EIN SPITZENKOCH LÄSST ES KNISTERN: AMPEREGELADENE KÜCHE TISCHT **MATTHIAS GLEISS** IN SEINEM **RESTAURANT VOLT** DEN BEGEISTERTEN GÄSTEN AUF.

MANN UNTER STROM

Hochspannung auf dem Teller ist garantiert, wenn Matthias Gleiß in seinem „Restaurant Volt" die Gäste durch seine kreativen Kreationen elektrisiert. Gleiß ist ein Typ, der es versteht, ein regelrechtes Feuerwerk der verschiedensten Komponenten zu zünden, diese aber stets unter Kontrolle hat. Seine handwerkliche Basis ist hervorragend, sein Einfallsreichtum noch viel größer. Und neben seinen technischen Fertigkeiten ist dieser Mann vor allem auch ein großartiger Küchenchef, der seine Mitarbeiter dank stoischer Ruhe und Offenheit auch durch sehr stressige Arbeitstage leitet. Im „Volt" steht ihm aber auch ein äußerst kreatives Team zur Seite, das seine zeitgenössischen Varianten von Berliner Traditionsküche und deutschen Hausmannskostklassikern perfekt umsetzt. Dabei verwendet der Spitzenkoch bewusst hauptsächlich saisonale Zutaten aus der Region.

VOLT

EINFACH ELEKTRISIERENDE **KÜCHE**

Restaurant Volt
Paul-Lincke-Ufer 20–22
D-10999 Berlin
Tel.: +49 (0)30/61 07 40 33
E-Mail: info@restaurant-volt.de
www.restaurant-volt.de

Atmosphäre pur herrscht im denkmalgeschützten 1928 erbauten Umspannwerk Kreuzberg am Landwehrkanal. Eisentreppen führen in zwei Etagen, metallene Speise-Separees ragen in die haushohe Restaurant-Galerie hinein, die mit gelben Backsteinen verkleidet ist. Viel Kupfer und dunkles Holz sorgen hier trotz des großen Raumes für eine warme und moderne Atmosphäre, in der es sich vorzüglichst speisen lässt. Das Ambiente fügt sich also perfekt in das kulinarische Gesamtkonzept ein: dezent, modern und stilvoll, trotzdem aber mit einem Charakter zum Wohlfühlen. Denn auch Matthias Gleiß läuft nicht jeder kulinarischen Mode hinterher und kocht auf seine geradlinige, präzise Art doch sehr modern und stets auf der Höhe der Zeit. Ein hoch spannender Ort des Genusses, im wahrsten Sinne des Wortes.

VOLT

HUMMER, KALB, ERBSE, KOHLRABI, VANILLE

FÜR 4 PERSONEN:

KALBSTAFELSPITZ:
700 g Kalbstafelspitz, pariert
1 Spritzer Limonen-Olivenöl
1 Zweig Rosmarin
1 Knoblauchzehe, Salz, Pfeffer

HUMMER:
1 Hummer, ½ Karotte
50 g Sellerie, 2 Dillzweige
10 g Kamillenblüten
1 TL Fenchelsamen
20 g Salz, 5 Pfefferkörner
40 g Nussbutter

ERBSENPÜREE:
1 Schalotte, 300 g TK-Erbsen
1 EL Sahne, 5 Minzblätter
20 g Butter
100 ml Geflügelfond

KOHLRABIMOUSSE:
250 g Kohlrabi, 1 Schalotte
40 g Butter
½ Limette, Saft und Abrieb
2 Bl. Gelatine, 150 ml Milch
100 g Sahne, geschlagen
20 ml Portwein, weiß
20 ml Noilly Prat
50 ml Gemüsefond
Salz, Pfeffer, weiß, Zucker

VANILLEGELEE:
150 ml Apfelsaft
100 ml Gemüsefond
1 Bl. Gelatine, 1 g Agar-Agar
½ Vanilleschote, Champagner-Essig, Maldonsalz, Zucker

KALBSTAFELSPITZ: Kalbstafelspitz leicht und ohne Farbe anbraten, würzen, mit dem Limonen-Olivenöl einpinseln und vakuumieren. Bei 58 °C Wassertemperatur 20 bis 30 Minuten pochieren.

HUMMER: Den Hummer mit Gewürzen, Karotte und Sellerie in kochendem Wasser 2 Minuten kochen, vom Herd nehmen und 6 Minuten ziehen lassen. Danach in Eiswasser abschrecken und aus der Karkasse brechen, in Scheiben schneiden und in Nussbutter kurz erwärmen.

ERBSENPÜREE: Butter in einem Topf erhitzen, gewürfelte Schalotte und Erbsen darin andünsten, Fond dazugeben, im geschlossenen Topf aufkochen und 5 Minuten garen. Sahne und Minzblättchen zu den Erbsen geben und einmal aufkochen. Alles im Standmixer fein pürieren, nochmals passieren und abschmecken.

KOHLRABIMOUSSE: Butter in einem Topf erhitzen, geschälte und gewürfelte Schalotte und Kohlrabi darin anschwitzen und mit Noilly Prat und Portwein ablöschen. Leicht reduzieren lassen, mit Fond und Milch auffüllen und den Kohlrabi weich kochen. Die Kohlrabimasse fein pürieren. Durch ein Sieb streichen und mit Limettenschale, Limettensaft, Salz, Zucker und weißem Pfeffer abschmecken. Die eingeweichte Gelatine in dem Kohlrabipüree auflösen. Nochmals passieren und über Eiswasser kalt rühren. Die Sahne unterheben, abfüllen und in die gewünschte Form schneiden.

VANILLEGELEE: Apfelsaft, Gemüsefond und ausgekratzte Vanilleschote aufkochen und erkalten lassen. Gelatine einweichen. Apfelfond mit Zucker, Salz und Essig abschmecken. Agar-Agar hinzufügen, aufkochen und die Gelatine im nicht mehr kochenden Fond auflösen. In eine Form füllen und 3 Stunden kalt stellen. Danach in die gewünschte Form schneiden.

PROFITIPP:

« **Nach dem Kochen die Hummerscheren vom Körper trennen und weitere zwei Minuten im heißen Wasser ziehen lassen. Das Scherenfleisch benötigt eine etwas längere Garzeit.**

Matthias Gleiß, Küchenchef

WEINEMPFEHLUNG:

2011 WEISSBURGUNDER MUSCHELKALK
WEINGUT BECKER LANDGRAF
RHEINHESSEN
Eine reife Frucht gepaart mit Cremigkeit, Fülle und der nötigen Mineralität des Muschelkalks. Wenn man diesem Weißburgunder viel Luft und Zeit gibt, wird es richtig spannend!
www.weingut-beckerlandgraf.de

SCHWIERIGKEITSGRAD: MITTEL | **ZUBEREITUNGSZEIT:** 3 STUNDEN

GEBRATENES FILET VOM HEILBUTT

mit Blutwurst, Spargel, Pfirsich und Gatower Rübchen

FÜR 4 PERSONEN:

HEILBUTTFILET MIT BLUTWURST:
4 Heilbuttfilets, à 120 g
20 Blutwurstscheiben
50 g Butterschmalz
1 EL Blutwurst-Ravioli-Füllung
1 Thymianzweig, Salz
Pfeffer, weiß, Majoranblätter

SPARGEL:
20 Stg. Spargel, grün, geschält
50 g Butter, Orangenschale
5 g Salz, 1 Stk. Macis

PFIRSICH:
2 Pfirsiche, klein
50 ml Läuterzucker
½ Vanilleschote
50 ml Grenadine

GATOWER RÜBCHEN:
2 Gatower Rübchen
100 ml Gemüsefond
50 g Butter
1 TL Zucker, Salz, Muskat

WEISSWEINSAUCE:
2 Schalotten
25 g Butter, gesalzen
2 cl Noilly Prat
250 ml Weißwein, trocken
200 ml Fischfond
200 ml Sahne
½ Zitrone, Saft
Salz

HEILBUTTFILET MIT BLUTWURST: Die Heilbuttfiletstücke mit Salz und wenig weißem Pfeffer würzen. Die obere Seite des Fischfilets mit etwas Blutwurstfüllung bestreichen und mit den Blutwurstscheiben dicht belegen. Die Filetstücke in Butterschmalz mit Thymian und Majoran braten.

SPARGEL: Den Spargel mit Butter, Salz, Orangenschale und Macisblüte in einem Vakuumbeutel vakuumieren und bei 85 °C im Wasserbad 20 bis 25 Minuten garen.

PFIRSICH: Die Pfirsiche mit Schale in 8 gleich große Stücke schneiden. Mit den restlichen Zutaten in einem Vakuumbeutel vakuumieren und bei 65 °C im Wasserbad 20 Minuten garen.

GATOWER RÜBCHEN: Die Rübchen schälen und in Spalten schneiden. Die Butter in einem Topf aufschäumen und den Zucker hinzufügen. Die Spalten zugeben, mit etwas Gemüsefond angießen und kurz dünsten. Mit Salz und etwas Muskat würzen.

WEISSWEINSAUCE: Die Schalotten fein würfeln und in Butter andünsten. Mit Noilly Prat und Weißwein ablöschen und auf die Hälfte einkochen lassen. Fischfond dazugeben und wieder auf die Hälfte einkochen lassen. Die Sahne zugeben und nochmals etwas einkochen. Mit Zitronensaft und Salz abschmecken.

PROFITIPP:

« **Die Blutwurstscheiben für den Fisch vor dem Schneiden 20 Minuten ins Gefrierfach legen, um dann schöne dünne Scheiben schneiden zu können.**

Matthias Gleiß, Küchenchef

WEINEMPFEHLUNG:

2011 KALMIT RIESLING TROCKEN
WEINGUT JÜRGEN LEINER
PFALZ

Kräftige und würzige Rieslingfrucht mit einer harmonischen und pikanten Säure. Der ökologische Anbau, die Lage und die schonende Weiterverarbeitung der Trauben machen diesen Wein perfekt!
www.weingut-leiner.de

SCHWIERIGKEITSGRAD: MITTEL | **ZUBEREITUNGSZEIT:** 2 STUNDEN

MÜSLI AT NIGHT

FÜR 4 PERSONEN:

MÜSLIMILCH:
500 ml Vollmilch
50 g Valrhona Ivoire
1 Bio-Zitrone, Abrieb
½ Vanilleschote, 1 g Xantana
350 g Valrhona Manjari 64 %
150 g Kakaobutter

HAFERFLOCKENEIS:
1 l Vollmilch
200 g Haferflocken, grob
660 ml Hafermilch
90 ml Sahne
30 g Crème fraîche
150 g Zucker, 70 g Eigelb

GELIERTE HONIGMILCH:
100 ml Vollmilch, 20 g Honig
1 g Agar-Agar, ½ Limette
1 Thymianzweig

HIMBEERGEL:
50 g Himbeerpüree
50 ml Wasser, Pfeffer
10 g Zucker, 1 g Agar-Agar

SCHOKO-LIMETTEN-GANACHE:
50 ml Sahne, 12 g Butter
10 ml Crème de Cacao, weiß
225 g Valrhona Ivoire
Waffelbruch
Abrieb einer Bio-Limette

ANRICHTEN:
Orangenfilets, rote Kresse, Himbeer- und Joghurtcrispies

MÜSLIMILCH: Milch mit Zitronenabrieb und Vanillemark auf 50 °C erwärmen, passieren und die weiße Schokolade darin schmelzen. Xantana einmixen, die Masse in Halbkugelmatten aus Silikon füllen und einfrieren. Für den Schoko-Überzug Schokolade und Kakaobutter über dem Wasserbad schmelzen. Die gefrorenen Milchhalbkugeln aus den Matten stürzen, sofort mittels einer Pralinengabel durch die Schokoladenmasse ziehen und im Kühlschrank auftauen lassen.

HAFERFLOCKENEIS: Vollmilch auf 50 °C erhitzen, währenddessen die Haferflocken im Ofen bei 200 °C leicht rösten. Haferflocken in die heiße Milch geben, 5 Minuten ziehen lassen und durch ein feines Sieb passieren. Die restlichen Zutaten aufkochen und zügig unter das Eigelb rühren. Bei 80 °C pasteurisieren und auf Eiswasser runterkühlen. In einen Pacojet-Becher füllen und einfrieren.

GELIERTE HONIGMILCH: Alle Zutaten miteinander aufkochen, passieren und im Kühlschrank gelieren lassen. Zu einer homogenen Masse mixen und in eine Spritzflasche füllen.

HIMBEERGEL: Himbeerpüree, Wasser und Zucker mischen. Mit etwas Pfeffer würzen und mit Agar-Agar einmal aufkochen. Nach dem Erkalten fein mixen und in eine Spritzflasche füllen.

SCHOKO-LIMETTEN-GANACHE: Schokolade über dem Wasserbad leicht schmelzen. Limettenzeste mit Sahne, Butter und Alkohol aufkochen, auf die Schokolade passieren und zu einer homogenen Masse verrühren. Glatt in einen Rahmen streichen und im Kühlschrank fest werden lassen. Anschließend in Würfel schneiden und in Waffelbruch wälzen.

PROFITIPP:
« **Wird die Eiscreme bei –12 °C gelagert, behält sie die optimale Konsistenz.**
Matthias Gleiß, Küchenchef

WEINEMPFEHLUNG:

2011 GEWÜRZTRAMINER AUSLESE
WEINGUT KLOSTERMÜHLE ODERNHEIM NAHE/RHEIN
Hier treffen sich die klassischen Gewürztraminer-Aromen mit einer Portion feinster Säure. Diese Auslese ist nicht zu süß, sehr erfrischend und ein toller Begleiter für „Müsli at Night“.
www.claretum.de

SCHWIERIGKEITSGRAD: MITTEL | **ZUBEREITUNGSZEIT:** 2½ STUNDEN

SUSHI-MEISTER MIT HANG ZUR KREATIVEN FUSIONSKÜCHE: DER GEBÜRTIGE VIETNAMESE **MR. HAI** WAGT SICH IM **SHABUKI** MUTIG ÜBER DIE ASIATISCHEN KLISCHEES HINAUS.

MISTER HAI LIFE

Vom Schreibtisch volley hinter den Herd: In seiner Heimat war der aus Saigon stammende Tran van Hai noch Beamter. In Berlin hat sich der heutige Sushi-Meister durch seine Kreationen eine riesige Fanschar erarbeitet. Wenn Mr. Hai sein Sushi-Messer zückt, dann liegt Magie in der Luft. Akribisch und mit atemberaubender Geschwindigkeit fertigt der stets freundlich lächelnde Multigastronom ein famoses Gericht nach dem anderen. Drei Restaurants mit unterschiedlichen Konzepten hat der unternehmerisch begabte Ausnahmegastronom mittlerweile eröffnet. Stammgäste schätzen vor allem Kreationen wie das „Sushi flambé“ und stürzen sich auf die verschiedensten Variationen von Nigiri und Maki. Tran van Hai hebt frische, mutige Kreationen aus der Taufe, dreht das Innere der Rolle nach außen, frittiert, röstet und macht vieles ganz einfach erfrischend anders.

VIETNAM MEETS EUROPE

Shabuki
Olivaer Platz 9
D-10707 Berlin
Tel.: +49 (0) 30/88 62 81 37
E-Mail: kontakt@mrhai.de
www.mrhai.de

Shabu-Shabu ist eigentlich japanisches Fondue. Dabei köchelt man in induktionsbeheizten Brühen individuell Rindfleisch, Tofu, Pilze, Senfgemüse, Algen, Fisch, Hühnchen, King Crabs, Scampi oder Muscheln. Doch was Mr. Hai zudem in seinem Restaurant „Shabuki" anbietet, ist kreative Metropolenküche, die Asien und Europa kulinarisch vereint. Zum Beispiel köstliche Fusionsknaller wie „Thunfischbauch mit gegrillten Pimientos de Padrón" oder „Garnelen mit Ponzusauce und Gorgonzola". Die Einrichtung des „Shabuki" ist schlicht, wirkt aber nicht kühl. Draußen kann man bequem das Treiben auf dem Olivaer Platz beobachten, drinnen hat der Gast die Wahl zwischen normalen Tischen und dem Tresen, wo die leckersten Variationen an einem vorbeifahren. Ein stylishes Ambiente, bei dem jedes Detail stimmt.

EBI ON FIRE

FÜR 4 PERSONEN:

GARNELEN:
8 Stk. Garnelen
8 Stk. Minispargel
Olivenöl

SPINAT:
400 g Blattspinat
2 cl Sake Mirin

MISO-SAUCE:
100 g Miso-Paste
100 g Zucker
3 TL Sojasauce, süß
100 g Gorgonzola
200 ml Hühnerbrühe

ANRICHTEN:
Salz

GARNELEN: Die Schalen der Garnelen abziehen. Mit einem kleinen Messer den Rücken entlang einschneiden und den Darm herausziehen. Mit dem kleinen Messer zwei Löcher in die Garnele stechen und dann den Minispargel durchschieben. Die gepiercte Garnele in einer Pfanne mit Olivenöl bei 180 °C anbraten.

SPINAT: Einen Kochtopf mit einem halben Liter Wasser füllen, 2 Zentiliter Sake Mirin beigeben und aufkochen lassen. Den Spinat eine Minute kochen, danach rausnehmen, den Spinat in Eiswasser eintauchen und in einem Sieb trocknen lassen.

MISO-SAUCE: Die Miso-Paste und 100 Milliliter Hühnerbrühe in einem Topf vermengen und mit einem Schneebesen langsam umrühren. Anschließend den Gorgonzola, den Zucker sowie die Sojasauce beimengen. So lange umrühren und zum Kochen bringen, bis die Sauce dickflüssig wird.

ANRICHTEN: Die gebratenen Garnelen auf den Spinat legen. Danach mit einem Löffel die Miso-Sauce am Rand verteilen. Zum Schluss eine Prise Salz über das Gericht streuen.

PROFITIPP:
« **Für einen saftigen Geschmack die Garnelen nur medium anbraten.**
Mr. Hai, Küchenchef

WEINEMPFEHLUNG:

2011 WEISSER BURGUNDER
WEINGUT CLOSHEIM, ANETTE CLOSHEIM
NAHE/RHEIN
Delikate Frucht, weicher Schmelz und die mineralisch-würzige Note führen das Geschmackserlebnis bei diesem Gericht zur Harmonie.
www.anetteclosheim.de

SCHWIERIGKEITSGRAD: MITTEL | **ZUBEREITUNGSZEIT:** 20 MINUTEN

MR.HAI-TATAKI

FÜR 4 PERSONEN:

VIETNAMESISCHE KRÄUTER:
Koriander
langer Koriander
Thai-Basilikum
Minze
2 Knoblauchknollen
8 EL Olivenöl
Salz

THUNFISCH:
800 g Thunfischfilet-Sashimi
Olivenöl

JAKITORI-SAUCE:
300 ml Sojasauce, hell
20 g Knoblauch
30 g Ingwer
250 g Zucker

TATAKI-SAUCE:
40 ml Sojasauce, hell
1 EL Trüffelöl
1 EL Jakitori-Sauce

ANRICHTEN:
8 Stk. Limetten
Salatvariation
Trüffelöl
Chilipaste

VIETNAMESISCHE KRÄUTER: Alle Kräuter klein hacken und zusammen mit einer Prise Salz und Olivenöl vermischen.

THUNFISCH: Den Thunfisch in Kräutern marinieren und wie mit einem Mantel bedecken. Das Olivenöl in der Pfanne auf 180 °C erhitzen und den Thunfisch kurz und scharf auf allen 4 Seiten für 3 Minuten anbraten. Mit einem scharfen Messer in ein Zentimeter breite Scheiben schneiden .

JAKITORI-SAUCE: Die Sojasauce, den Ingwer sowie den Knoblauch in einem Topf 4 Minuten kochen, dann 250 g Zucker dazugeben. Bei mittlerer Flamme die Gesamtmasse zu einer dickflüssigen Sauce kochen, anschließend bei Zimmertemperatur abkühlen lassen.

TATAKI-SAUCE: Die Sojasauce, den Ingwer sowie den Knoblauch in einem Topf 4 Minuten kochen, dann 250 g Zucker dazugeben. Die Tataki-Soße in einer Extraschale bereitstellen.

ANRICHTEN: Die Limetten in dünne Scheiben schneiden, etwas Chilipaste darauf verteilen und den Thunfisch oben auflegen. Mit der Jakitori-Sauce sowie dem Trüffelöl den Thunfisch beträufeln. Einen Bund gemixten Salats als Deko benutzen. Die Jakitori-Sauce in einer Extraschale bereitstellen.

PROFITIPP:
« **Besonders aromatisch wird der Thunfisch, wenn man ihn abschließend mit einer Prise Hawaii-Salz verfeinert.**
Mr. Hai, Küchenchef

WEINEMPFEHLUNG:

2010 SAUVIGNON MRHAI
MRHAI'S WEIN EDITION BRAGATO
Der aus Italien kommende Sauvignon hat ein attraktives Aroma von reifen Früchten und feinen Blüten und enthält angenehme Mineralität. Gehaltvoll und saftig im Mund macht er Appetit und Lust auf den nächsten Schluck.

SCHWIERIGKEITSGRAD: LEICHT | **ZUBEREITUNGSZEIT:** ¼ STUNDE

VOLCANO BREAK

FÜR 4 PERSONEN:

HOT SPICY TUNA:
150 g Thunfischfilet-Sashimi
2 EL Lachskaviar
Sesamöl
Chilisauce, süß

LACHS:
200 g Lachsfilet-Sashimi
1 Kräuterseitling
Sesamöl

MISO-SAUCE:
200 g Miso-Paste
100 g Zucker
2 TL Sojasauce, dunkel, süß
100 g Gorgonzola-Sauce
100 ml Hühnerbrühe

ANRICHTEN:
Frühlingszwiebeln

HOT SPICY TUNA: Den Thunfisch in Würfel schneiden und in einer großen Schale mit 2 Esslöffeln Sesamöl, Lachskaviar sowie süßer Chilisauce vermischen.

LACHS: Den Lachs in ein Zentimeter dicke Scheiben schneiden und in einer Pfanne mit Sesamöl bei einer Temperatur von 180 °C nur auf einer Seite scharf anbraten. Den Kräuterseitling in dünne Scheiben schneiden und ebenfalls in der Pfanne kurz anbraten.

MISO-SAUCE: Die Miso-Paste und 100 Milliliter Hühnerbrühe in einem Topf vermengen und mit einem Schneebesen langsam umrühren. Anschließend den Gorgonzola, den Zucker sowie die Sojasauce beimengen. So lange umrühren und zum Kochen bringen, bis die Sauce dickflüssig wird.

ANRICHTEN: Den Lachs auf die Kräuterseitling-Scheiben legen und darauf den Hot Spicy Tuna garnieren. Den Lachskaviar darüberstreuen. Zum Schluss mit klein geschnittenen Frühlingszwiebeln dekorieren. Danach wird die Miso-Sauce mit einem Löffel um den Volcano Break verteilt.

PROFITIPP:
« **Bei der Miso-Sauce kann man für mehr Geschmack zusätzlich 2 Zentiliter Mirin beigeben.**
Mr. Hai, Küchenchef

WEINEMPFEHLUNG:

2011 WEINGUT SCHLOSS PROSCHWITZ ROSÉ
WEINGUT SCHLOSS PROSCHWITZ
SACHSEN
Der Rosé präsentiert sich mit erfrischender, saftiger Frucht, die an rote Beerenfrüchte erinnert. Sein ausgewogener fruchtiger Geschmack begleitet das Gericht auf perfekte Weise.
www.schloss-proschwitz.de

SCHWIERIGKEITSGRAD: MITTEL | **ZUBEREITUNGSZEIT:** 20 MINUTEN

LUSTHANDWERK IM KOPF: **KOLJA KLEEBERG** LIEBT DIE BÜHNE UND LEGT BEI SEINEN MENÜKREATIONEN IM **VAU** NATÜRLICH EBENFALLS WERT AUF EINE PERFEKTE INSZENIERUNG.

DER SHOW MAN

Gerhard Nikolaus Kleeberg ist eigentlich immer für einen schnellen Spaß zu haben. Und das liegt keineswegs nur an seiner frühen Karriere als Schauspieler und Sänger, die er erst mit 22 Jahren für eine Kochlehre schmiss. Den Michelin-Stern, den er mit seiner leicht avantgardistisch angehauchten Berlin Cuisine erkochte, hält er seit 1997 durchgehend. Und das mehr als zu Recht, denn was der Mann mit der charakteristisch hochgezogenen Augenbraue am Gendarmenmarkt auf den Teller bringt, ist geschmacklich so wunderbar harmonisch und handwerklich so vollendet, dass auch die kritischsten Gourmets regelmäßig ins Schwärmen geraten. Leichtigkeit und Lebensfreude, Neugierde und Lust am Experimentieren: Das sind Kleebergs Basiszutaten im Leben und in der Küche. Er möchte die Menschen fürs Kochen begeistern, und das gelingt ihm auch.

Martin&Co

DER VAU EFFEKT

Bereits seit 1997 leuchtet über dem „VAU“ in der Jägerstraße am Gendarmenmarkt der wohlverdiente Stern. Frische saisonale Produkte aus dem Berliner Umland und die vor Lebensfreude strotzenden Menükreationen sorgen dafür, dass die Tester des Guide Michelin Jahr für Jahr das begehrte Gastro-Gestirn an Kolja Kleeberg verleihen. Aber nicht nur die Kritiker zeigen sich vom geschmacksvollen Ambiente begeistert. Auch die unzähligen Gäste fühlen sich im stimmungsvollen Restaurant sofort wie bei Freunden und genießen die gewitzten Kreationen des stets humorvollen Allroundtalents. Aus Holz, Glas und Stahl wurde hier eine angenehme, offene Atmosphäre geschaffen, in der die gewitzten Kreationen des Küchenkünstlers würdig zur Geltung kommen.

Vau
Jägerstraße 54–55
D-10117 Berlin
Tel.: +49 (0) 30/20 29 73-0
E-Mail: restaurant@vau-berlin.de
www.vau-berlin.de

VǍU
VǍU

SOUFFLIERTER KARTOFFELSCHMARRN
mit Imperial-Kaviar

FÜR 4 PERSONEN:

KARTOFFELSCHMARRN:
150 g Kartoffeln, festkochend
100 g Kartoffeln, mehlig
1 EL Quark
1 Eigelb
2 EL Mehl
150 ml Milch
1 EL Butter, zerlassen
1 Eiweiß
1 EL Butter zum Braten
1 Bd. Schnittlauch
Meersalz aus der Mühle
Pfeffer, weiß, aus der Mühle
Butter

IMPERIAL-KAVIAR:
60 g Imperial-Kaviar
120 g Crème fraîche
Saft einer Zitrone
Salz

KARTOFFELSCHMARRN: Beide Kartoffelsorten gar kochen und schälen. Die festkochenden noch warm durch die Kartoffelpresse drücken, Quark, Eigelb, Mehl, Milch und zerlassene Butter untermischen. Mit Salz und Pfeffer würzen. Die mehlig kochenden Kartoffeln abkühlen lassen und grob reiben. Eiweiß mit einer Prise Salz steif schlagen und mit den geriebenen Kartoffeln vorsichtig unter die erste Mischung heben. Butter in einer ofenfesten Pfanne aufschäumen. Kartoffelmasse hinzugeben und etwa 2 Minuten leicht anbraten. Auf der mittleren Schiene des Backofens bei 250 °C Ober-/Unterhitze etwa 10 Minuten fertig garen. Weitere 2 Minuten unter dem Grill bräunen. Herausnehmen und vorsichtig mit 2 Esslöffeln zerteilen. 3 Stück Kartoffelschmarrn in den Zwischenräumen anrichten. Die Butter leicht bräunen, salzen, mit frisch geschnittenem Schnittlauch vermengen und über den Schmarrn träufeln.

IMPERIAL-KAVIAR: Vom Imperial-Kaviar je nach gewünschter Menge eine Nocke abstechen und in die Mitte des Tellers setzen. Crème fraîche mit Salz und Zitronensaft verrühren und abwechselnd mit dem Kaviar anrichten.

PROFITIPP:
« **Es reicht, das Eiweiß zu einer cremig glänzenden Konsistenz aufzuschlagen. So bekommt man mehr Volumen in den Schmarrn.**
Kolja Kleeberg, Küchenchef

WEINEMPFEHLUNG:

CUMIÈRES PREMIER CRU BRUT NATUR
GEORGES LAVAL
CHAMPAGNE/FRANKREICH
Die salzige, fast schmerzende Mineralität und die perfekt eingebundene Säure enden in einem endlosen Nachhall mit einer auftrumpfende Frische.
www.vinaturel.de

SCHWIERIGKEITSGRAD: LEICHT | **ZUBEREITUNGSZEIT:** 1 STUNDE

TANDOORI-HUMMER
mit Zwiebelpakora und Gurkenschaum

FÜR 4 PERSONEN:

TANDOORI-HUMMER:
2 Hummer
2 EL Tandooripaste
1 EL Joghurt
1 Limette
1 TL Ingwer, grob gewürfelt
1 EL Butter
2 Zweige Koriander, frisch
Salz, Pfeffer

ZWIEBELPAKORA:
1 kg Zwiebeln
160 g Kichererbsenmehl
100 g Reismehl
10 g Salz
½ TL Paprika, süß
1 TL Kurkuma
½ TL Garam masala
10 Korianderkörner
½ TL Kreuzkümmel
1 TL Backpulver
1 Eiweiß
1 Limette, Pflanzenöl

GURKENSCHAUM:
300 g Joghurt
100 ml Gurkensaft
100 ml Sahne
3 Bl. Gelatine
2 Korianderstiele
Zitronensaft, Piment
Salz, Masala

LINSEN:
50 g Linsen, rot
100 ml Rote-Bete-Saft
Limettensaft, Öl, Salz, Pfeffer

TANDOORI-HUMMER: Hummer in Salzwasser 2 Minuten kochen, Scheren und Gelenke abtrennen und diese 2 weitere Minuten kochen. Den Schwanz in gesalzenem Eiswasser abkühlen, Gelenke und Scheren abschrecken und auslösen. Chitinplättchen herausziehen, die Schwänze längs halbieren und unter kaltem Wasser abspülen. Tandooripaste mit Joghurt und Limettensaft mischen. Das Hummerfleisch bepinseln, den Schwanz vorsichtig aus dem Panzer lösen und wieder zurücksetzen. Hummerschwänze auf der Fleischseite anbraten und mit Butter, Ingwer und Koriander aromatisieren. Die Scheren in warmer Butter schwenken, salzen und pfeffern. Je eine Schwanzhälfte und eine Schere anrichten.

ZWIEBELPAKORA: Zwiebeln schälen, in Streifen schneiden und mit etwas Pflanzenöl bei geringer Hitze weich schmoren. In einem Sieb über Nacht abtropfen lassen. Kichererbsenmehl mit den übrigen Zutaten (außer Eiweiß) mischen. Davon 90 Gramm abwiegen, mit 75 Milliliter Wasser und Limettenabrieb vermengen und in die Zwiebelmasse einarbeiten. Eiweiß halb steif schlagen und unterheben. Zwiebelmasse zu Nocken formen und ausbacken.

GURKENSCHAUM: Joghurt, Gurkensaft, Sahne und Korianderstiele pürieren. Eingeweichte Gelatine in etwas Zitronensaft auflösen und unter die Joghurtmasse heben. Mit Piment, Salz sowie Masala würzen, passieren und in einen iSi-Sahnespender mit 2 Patronen füllen. Den Gurken-Joghurt-Schaum in kleine Gläser füllen.

LINSEN: Linsen etwa 3 Stunden in kaltem Wasser einweichen, anschließend in kochendem Rote-Bete-Saft bissfest garen. Aus Limettensaft, Salz, Pfeffer und Olivenöl eine Vinaigrette herstellen, die Linsen marinieren und auf dem Gurkenschaum anrichten.

PROFITIPP:

« **Sollte kein passendes Glas für den Gurkenschaum zu finden sein, einfach eine Gurke in eine lange dünne Scheibe schneiden. Leicht salzen und zu einem Zylinder zusammenlegen.**
Kolja Kleeberg, Küchenchef

WEINEMPFEHLUNG:

2009 MARIENBURG 1. LAGE
GG ROTHENPFAD
WEINGUT CLEMENS BUSCH
MOSEL
Schlank und elegant mit straffer Säure und den erfrischenden Kräuternoten, die wir auch schon in der Nase wahrgenommen haben. Ein Wein, der Finesse und Lagerpotential in sich birgt.
www.weinladen.com

SCHWIERIGKEITSGRAD: MITTEL | **ZUBEREITUNGSZEIT:** 1 STUNDE (OHNE RUHEZEIT)

NEGRESCO
von der Valrhona-Schokolade mit Kirschen

FÜR 4 PERSONEN:

NEGRESCO:
1 Eigelb
1 Ei
4 cl Stroh-Rum
400 g Valrhona-Kuvertüre
70 g Zucker
500 ml Sahne
1 Vanilleschote
10 g Fleur de Sel

FONDANT:
520 g Valrhona-Kuvertüre
450 g Zucker
400 g Butter
10 Eier

SCHOKO-KROKANT:
250 g Zucker
70 g Glucose
100 ml Wasser
50 g Valrhona-Kuvertüre
50 g Butter

SCHOKO-SORBET:
250 g Valrhona-Kuvertüre
200 g Zucker
750 ml Wasser
2 EL Kakaopulver
3 Bl. Gelatine

KIRSCHEN:
50 g Zucker
100 ml Portwein, rot
400 g Kirschen
Vanilleschote
Zitrone
Stärke

NEGRESCO: Ei und Eigelb, Zucker, Salz, Vanille und Rum über dem Wasserbad schaumig schlagen. Schokolade schmelzen und in die warme Masse einrühren. Geschlagene Sahne unterheben und 2 Stunden kalt stellen.

FONDANT: Kuvertüre, Zucker und Butter in einem Topf schmelzen, danach die Eier einmixen. Alles in einer flachen Form im Ofen 35 Minuten bei 100 °C stocken lassen. Danach 2 Stunden kalt stellen.

SCHOKO-KROKANT: Zucker und Glucose mit Wasser in einem Topf zu einem hellen Karamell kochen. Kuvertüre und Butter zufügen und glatt rühren. Erkalten lassen und in einer Küchenmaschine zu Pulver mahlen. Das Pulver auf ein Backpapier über Schablonen sieben und bei 180 °C schmelzen lassen. Abgekühlt trocken lagern.

SCHOKO-SORBET: Alle Zutaten aufkochen, passieren und noch heiß in der Eismaschine frieren.

KIRSCHEN: Zucker karamellisieren, mit Portwein ablöschen, auf die Hälfte reduzieren und mit Vanille und etwas Zitronenabrieb aromatisieren. Kirschen halbieren und entkernen, die Kerne im Fond nochmals aufkochen und mit etwas angerührter Stärke binden. Durch ein Sieb passieren und die Kirschen in den noch warmen Fond geben. Sofort kalt stellen.

PROFITIPP:
« **Probieren Sie dieses Dessert statt der Kirschen mit frischen Himbeeren. Diese Kombination ist ebenfalls göttlich.**
Kolja Kleeberg, Küchenchef

WEINEMPFEHLUNG:

CASTA DIVA RECÓNDITA ARMONÍA 2008
GUTIÉRREZ DE LA VEGA
MONASTRELL/SPANIEN
Frische Mineralität und ein Touch warmes Eichenholz. Am Gaumen saftig und eindringliche Frucht mit schöner eingebundener Mineralität. Wechsel von Säure und Süße auf der Zunge.
www.chicos-bodega.de

SCHWIERIGKEITSGRAD: MITTEL | **ZUBEREITUNGSZEIT:** 4 STUNDEN

AIGNER AM GENDARMENMARKT

BRECHTS

CAFÉ-RESTAURANT JOLESCH

FIRST FLOOR

HARTMANNS RESTAURANT

HUGOS RESTAURANT

LA MANO VERDE

LORENZ ADLON ESSZIMMER

RESTAURANT A.CHOICE

RESTAURANT BRENNER

RESTAURANT TIM RAUE

RESTAURANT VOLT

SHABUKI

VAU

OUTTAKES: WIR TRAFEN AUF UNSERER REISE
14 CHARMANTE, ENGAGIERTE KÜCHENVIRTUOSEN –
UND DIE BEWIESEN NICHT NUR AUSDAUER,
SONDERN AUCH JEDE MENGE HUMOR.

DIE LUSTIGSTEN SEITEN DIESES KOCHBUCHS

Cool wie ein Stuhl: Matthias Diether steht die Erleichterung nach dem Shooting ins Gesicht geschrieben. Und weil er's sich schwer verdient hat, gönnt er sich einen guten Tropfen Rotwein und überlässt Autor Georg Hoffelner die tragende Rolle. Auch Tobias Janzen und Steve Großmann hatten Grund, auf ihren famosen Modeljob anzustoßen. Tim Raue hingegen überzeugte nicht nur durch Kreativität in der Küche, sondern wäre auch in jedem Comedy Club ein Besuchermagnet. „Versteckte" Nachrichten gab es von Stefan Hartmann an Fotograf Wolfgang Hummer, auch Kolja Kleeberg demonstrierte Größe und Thomas Kammeier würde selbst Hannibal Lecter Angst einjagen.

GIB GAS,
JUNGE.

Dass die Arbeit vor der Kamera schweißtreibend sein kann, durfte Andreas Klitsch am eigenen Leib erfahren. Aber nicht nur Dauergrinsen regt die Transpiration an, auch heißer Dampf: Oliver Barda und Alexander Koppe versuchten trotzdem, stets den Durchblick zu bewahren. Heiß her ging es auch im „Shabuki“, denn Mr. Hai und Fotograf Mr. Hummer lieferten sich ein maritimes Bunsenbrennerduell, das bei einem feinen Sashimi finalisiert wurde. Völlig relaxed ging es hingegen im „La Mano Verde“ zu, denn Küchenchefin Monica Jiménez hat ihre Mannen stets im Griff. Selbiges gilt natürlich auch für Hendrik Otto, der nach vollbrachter Tat noch einen verstohlenen Blick auf seine gelungene Kreation warf. Und wie unterschiedlich Jubelposen aussehen können, demonstrierten Matthias Gleiß und Robert Lasarow. Triumphiert haben letztendlich jedoch alle.

ADRESSEN ALLER BETRIEBE

AIGNER AM GENDARMENMARKT
Französische Straße 25 | D-10117 Berlin
Tel.: +49 (0) 30/203 75 18 50
info@aigner-gendarmenmarkt.de
www.aigner-gendarmenmarkt.de

BRECHTS
Schiffbauerdamm 6–7 | D-10117 Berlin
Tel.: +49 (0) 30/28 59 85 85
info@brechts.de
www.brechts.de

CAFÉ-RESTAURANT JOLESCH
Muskauer Straße 1 | D-10997 Berlin
Tel.: +49 (0) 30/612 35 81
mail@jolesch.de
www.jolesch.de

FIRST FLOOR
Budapester Straße 45 | D-10787 Berlin
Tel.: +49 (0) 30/25 02 10 20
firstfloor@palace.de
www.firstfloor.palace.de

HARTMANNS RESTAURANT
Fichtestraße 31 | D-10967 Berlin
Tel.: +49 (0) 30/61 20 10 03
mail@hartmanns-restaurant.de
www.hartmanns-restaurant.de

HUGOS RESTAURANT
Budapester Straße 2 | D-10787 Berlin
Tel.: +49 (0) 30/26 02-0
info@hugos-restaurant.de
www.hugos-restaurant.de

LA MANO VERDE
Uhlandstraße 181–183 | D-10623 Berlin
Tel.: +49 (0) 30/82 70 31 20
contact@lamanoverdeberlin.com
www.lamanoverdeberlin.com

LORENZ ADLON ESSZIMMER
Unter den Linden 77 | D-10117 Berlin
Tel.: +49 (0) 30/22 61 19 60
lorenz.adlon@kempinski.com
www.lorenzadlon-esszimmer.de

RESTAURANT A.CHOICE
Landsberger Allee 106 | D-10369 Berlin
Tel.: +49 (0) 30/45 30 53
a.choice@andelsberlin.com
www.vi-hotels.com/andels-berlin/

RESTAURANT BRENNER
Regensburger Straße 7 | D-10777 Berlin
Tel.: +49 (0) 30/23 62 44 70
restaurant-brenner@email.de
www.restaurant-brenner.de

RESTAURANT TIM RAUE
Rudi-Dutschke-Straße 26 | D-10969 Berlin
Tel.: +49 (0) 30/25 93 79 30
office@tim-raue.com
www.tim-raue.com

RESTAURANT VOLT
Paul-Lincke-Ufer 21 | D-10999 Berlin
Tel.: +49 (0) 30/61 07 40 33
info@restaurant-volt.de
www.restaurant-volt.de

SHABUKI
Olivaer Platz 9 | D-10707 Berlin
Tel.: +49 (0) 30/23 88 81 16
thao@mrhai.de
www.mrhai.de

VAU
Jägerstraße 54–55 | D-10117 Berlin
Tel.: +49 (0) 30/20 29 73-0
restaurant@vau-berlin.de
www.vau-berlin.de

BEREITS ERSCHIENEN

„GOURMETREISE" – DAS REISEMAGAZIN FÜR GENIESSER

Top-Storys und Reportagen von kreativen und versierten Reise-, Food- und Weinjournalisten führen Sie zu den außergewöhnlichsten Orten und geheimen Genusstempeln rund um den Globus – Insidertipps inklusive! Das und die bestechende Bildsprache machen GOURMETREISE zu dem Magazin für Reisen, Essen und Trinken.

EUR 4,90 – alle drei Monate neu am Kiosk oder als Abo!

„SALZBURG KOCHT"

Genussvolle Momentaufnahmen: 15 der angesagtesten Kochstars aus Salzburg wie Johanna Maier & Söhne, Karl & Rudi Obauer oder Andreas Döllerer gewähren einen exklusiven Blick hinter die Kulissen und präsentieren ihre Ideen und besten Rezepte. ***EUR 29,90***

„OBERÖSTERREICH KOCHT"

Oberösterreich hat sich als eines der facettenreichsten Genussziele für Gourmets etabliert. Fine-Dining-Größen wie Elisabeth Grabmer und Jürgen Hamedinger ebenso wie junge Kreative vom Format eines Rainer Stranzinger präsentieren die genussreichsten Seiten ihrer Heimat. ***EUR 29,90***

„BAYERN KOCHT"

Kulinarische Spielwiese für Genießer: 15 Kochkünstler, unter ihnen Legenden wie Alfons Schuhbeck, Heinz Winkler oder auch Otto Koch sowie Küchenpunk Bernd Arold zeigen je ein dreigängiges Menü, das so einzigartig ist wie die kreativen Köpfe, die dahinter stecken. ***EUR 29,90***

IMPRESSUM

Vielen Dank an alle beteiligten Köche und Gastgeber.

Ein „GOURMETREISE-Edition"-Kochbuch des M.V. Verlages.
www.gourmetreise.com

Redaktionell verantwortlich für den Inhalt: Mag. Georg Hoffelner
Autor: Mag. Georg Hoffelner, Key Account: Benedikt Mussnig
Layout: Wolfgang Hummer, DI (FH) Philipp Wagner
Fotografie: Wolfgang Hummer/www.wohu.at
Weitere Fotos im Innenteil: Hotel Palace Berlin, Vision-Photos, Cathrin Bach, La Mano Verde, Florian Bolk, Florian Lein, Werner Krug
Druck: Niederösterreichisches Pressehaus
printed in Austria
ISBN 978-3-9503065-4-5
www.gourmetreise.com

DANKE

An dieser Stelle möchten wir uns sehr herzlich bei allen beteiligten Betrieben und den vielen Personen bedanken, die uns bei der Umsetzung dieses Buches tatkräftig unterstützt haben.

Besonderer Dank ergeht darüber hinaus an die Herausgeber dieses Buches, Jürgen Pichler und Chefredakteurin Katharina Wolschner sowie an das gesamte Layout- und Redaktionsteam der Edition Gourmetreise.

GEORG HOFFELNER & WOLFGANG HUMMER